图书在版编目(CIP)数据

母城记忆：渝中文物概览/重庆市渝中区文化和旅游发展委员会，重庆市渝中区文物保护管理所编.--重庆：西南师范大学出版社，2021.4
 ISBN 978-7-5697-0779-3

Ⅰ.①母…Ⅱ.①重…②重…Ⅲ.①历史文物-介绍-渝中区Ⅳ.①K872.719.3

中国版本图书馆CIP数据核字(2021)第057035号

母城记忆——渝中文物概览
MUCHENG JIYI——YUZHONG WENWU GAILAN

重庆市渝中区文化和旅游发展委员会 编
重庆市渝中区文物保护管理所

责任编辑：张昊越
责任校对：张　丽
封面设计：印定才
版式设计：文　华
出版发行：西南师范大学出版社
　　　　　地址：重庆市北碚区天生路2号
　　　　　邮编：400715
　　　　　http://www.xscbs.com
经　　销：全国新华书店
印　　刷：重庆新生代彩色技术有限公司
幅面尺寸：185mm×260mm
印　　张：10
字　　数：250千字
版　　次：2021年4月　第1版
印　　次：2021年4月　第1次印刷
书　　号：ISBN 978-7-5697-0779-3
定　　价：188.00元

前 言

2007年10月至2011年12月,渝中区开展了第三次全国不可移动文物普查工作,普查工作结束后,于2012年2月编辑出版了《母城记忆——重庆市渝中区第三次全国文物普查成果专辑》。

随着时间的推移,2013年国务院公布第七批全国重点文物保护单位,2019年公布第八批全国重点文物保护单位。新增文物点后,渝中区文物保护单位级别、数量有了变化。为了更全面更准确地反映渝中区文物现状,我们在《母城记忆——重庆市渝中区第三次全国文物普查成果专辑》的基础上,补充了相关资料、照片,编辑出版了《母城记忆——渝中文物概览》一书。

经过这次全面梳理,我们将全区149处(173个点)文物按古遗址、古墓葬、古建筑、石窟寺及石刻、近现代重要史迹及代表性建筑和其他六大类别体例进行编排,并汇集成册出版发行,以供广大读者了解渝中区的文物古迹、文化脉络及历史发展足迹。同时作为一本工具书,本书可为渝中区文化遗产保护工作提供便利。

重庆市渝中区文物保护管理所

2021年1月

CONTENTS 目录

母城记忆
THE MOTHER CITY MEMORY
——渝中文物概览

前言/重庆市渝中区文物保护管理所

古遗址（2处）

1　老鼓楼衙署遗址 ………………………………………………………………（2）
2　雷家坡古道遗址 ………………………………………………………………（4）

古墓葬（1处）

3　巴蔓子墓 ………………………………………………………………………（6）

古建筑（15处）

4　湖广会馆 ………………………………………………………………………（8）
5　重庆古城墙 ……………………………………………………………………（11）
　　——通远门段城门及城墙 ……………………………………………………（11）
　　——东水门段城门及城墙 ……………………………………………………（13）
6　太平门至人和门段城垣 ………………………………………………………（14）
7　罗汉寺 …………………………………………………………………………（15）
8　东华观藏经楼 …………………………………………………………………（16）
9　谢家大院 ………………………………………………………………………（17）
10　状元府 …………………………………………………………………………（18）
11　巴县衙门旧址 …………………………………………………………………（19）
12　下洪学巷客栈 …………………………………………………………………（20）
13　石绳桥 …………………………………………………………………………（21）
14　关帝庙 …………………………………………………………………………（21）
15　长乐永康石朝门 ………………………………………………………………（22）
16　能仁寺山门排楼 ………………………………………………………………（22）
17　凤凰台33号石朝门 ……………………………………………………………（23）

1

| 18 | 亦庐石朝门 | (24) |

石窟寺及石刻（8处）

19	佛图关石刻	(26)
20	七牌坊碑林	(28)
21	纱帽石董公死难处石刻	(31)
22	大观平石刻	(32)
23	鸟游於云石刻	(32)
24	蒋介石题刻处	(33)
25	大坪九坑子石窟	(33)
26	竹木街摩崖造像	(34)

近现代重要史迹及代表性建筑（122处）

27	中共中央南方局及八路军重庆办事处旧址	(36)
	——八路军重庆办事处旧址（红岩村）	(36)
	——中共中央南方局旧址（周公馆）	(37)
	——《新华日报》营业部旧址	(38)
	——中共代表团驻地旧址	(40)
28	桂园	(41)
29	特园	(42)
30	国民政府外交部旧址	(43)
31	国民政府军事委员会政治部第三厅暨文化工作委员会旧址	(45)
32	国民政府立法院、司法院及蒙藏委员会旧址	(46)
33	国民参政会旧址	(47)
34	重庆市人民大礼堂	(48)
35	国民政府行政院旧址	(49)
36	重庆抗战金融机构旧址群	(50)
	——中央银行旧址	(50)
	——中国银行旧址	(51)
	——交通银行旧址	(52)
	——美丰银行旧址	(53)

	——川康平民商业银行旧址	(54)
	——聚兴诚银行旧址	(55)
37	重庆谈判旧址群	(56)
	——蒋介石官邸	(56)
	——国民政府军事委员会委员长侍从室旧址(尧庐)	(57)
	——国民政府军事委员会委员长侍从室旧址	(58)
	——宋子文官邸(怡园)	(59)
	——吴铁城官邸	(60)
38	同盟国中国战区统帅部参谋长官邸旧址	(61)
39	保卫中国同盟总部旧址	(62)
40	同盟国驻渝外交机构旧址群	(63)
	——澳大利亚公使馆旧址	(63)
	——中英联络处旧址	(64)
	——苏联大使馆旧址	(65)
	——土耳其公使馆旧址	(66)
	——苏联大使馆武官处旧址	(67)
	——法国领事馆旧址	(68)
41	抗战胜利纪功碑暨人民解放纪念碑	(68)
42	罗斯福图书馆旧址	(70)
43	中苏文化协会旧址	(70)
44	同盟国驻渝外交机构旧址群——美国大使馆旧址	(71)
45	沈钧儒旧居	(72)
46	若瑟堂	(73)
47	四川革命先烈纪念碑	(74)
48	跳伞塔	(75)
49	菩提金刚塔	(75)
50	国民政府经济部旧址	(76)
51	中国国民党中央执行委员会旧址(张骧公馆)	(77)
52	药材公会旧址	(78)
53	重庆谈判旧址——李宗仁公馆旧址	(79)

54	李宗仁官邸	(79)
55	望龙门缆车	(80)
56	陈诚官邸	(81)
57	《大公报》报社重庆旧址	(81)
58	《新华日报》总馆旧址	(82)
59	重庆大韩民国临时政府旧址	(83)
60	胡子昂旧居	(84)
61	邹容烈士纪念碑	(84)
62	张培爵烈士纪念碑	(85)
63	中法学校旧址	(86)
64	中共重庆地方执行委员会旧址	(87)
65	打枪坝水厂纪念塔	(87)
66	大溪沟发电厂专家招待所旧址	(88)
67	重庆市劳动人民文化宫大门	(89)
68	江全泰号	(90)
69	重庆海关监督公署旧址	(90)
70	李耀庭公馆	(91)
71	中共重庆市委枇杷山办公楼旧址	(92)
72	嘉陵江大桥	(92)
73	嘉陵江索道	(93)
74	长江索道	(94)
75	大田湾体育设施群	(94)
	——重庆市体育馆	(95)
	——重庆市体育局办公楼	(95)
76	重庆大轰炸遗址群	(96)
	——重庆市消防人员殉职纪念碑	(96)
	——"六五"隧道惨案遗址	(97)
77	国民政府军事委员会旧址	(97)
	——国民政府军事委员会礼堂旧址	(98)
	——国民政府军事委员会重庆行营旧址	(98)

78	鹅岭抗战遗址群	(99)
	——苏军烈士墓	(99)
	——飞阁	(100)
	——桐轩石室	(101)
	——丹麦公使馆旧址	(102)
79	抗建堂旧址	(102)
80	"三三一"惨案纪念地	(103)
81	佛图关杨闇公烈士铜像	(104)
82	国民政府军政部兵工署旧址	(104)
83	重庆长江大桥春夏秋冬雕塑	(105)
84	中国民主革命同盟旧址	(106)
85	刘湘公馆旧址	(106)
86	中国国民党中央执行委员会调查统计局旧址	(107)
87	唐式遵公馆旧址	(108)
88	潘文华公馆旧址	(108)
89	晋冀鲁豫军区干部子弟校学生宿舍旧址	(109)
90	法国仁爱堂旧址	(110)
91	戴笠公馆旧址	(110)
92	重庆盐务局旧址	(111)
93	孙科公馆旧址	(112)
94	王陵基公馆旧址	(113)
95	王缵绪公馆旧址	(113)
96	杨森公馆旧址	(114)
97	李根固旧居	(114)
98	贺国光旧居	(115)
99	徐远举公馆旧址	(116)
100	白鹤嘴石碉堡	(116)
101	国民政府国防部会议厅旧址	(117)
102	重庆反省院旧址	(117)
103	国民政府军事参议院旧址	(118)

104	李子坝石碉堡	(119)
105	交通银行印刷厂旧址	(119)
106	交通银行学校旧址	(120)
107	交通银行办公楼旧址	(120)
108	交通银行金库旧址	(121)
109	红楼	(121)
110	高公馆旧址	(122)
111	佛图关白骨塔	(122)
112	德国领事馆旧址	(123)
113	中共中央南方局外事组旧址	(123)
114	马鞍山29号建筑	(124)
115	马鞍山30号建筑	(125)
116	马鞍山31号建筑	(125)
117	马鞍山63号建筑	(126)
118	国际村石碉堡	(126)
119	人民公园防空洞掩体	(127)
120	觉庐建筑群	(127)
121	鲜宅旧址	(128)
122	国民政府中央训练团遗址	(128)
123	国民政府警察局旧址	(129)
124	戴笠神仙洞公馆及军统办公室旧址	(129)
125	私立兴华小学旧址	(130)
126	韩国光复军总司令部旧址	(130)
127	国际村102号建筑	(131)
128	刘义凡旧居	(131)
129	柏庐建筑群	(132)
130	民生路105号民居	(132)
131	自力巷23号建筑	(133)
132	胜利路178号民居	(134)
133	下洪学巷40号民居	(134)

134	嘉陵新路 44 号建筑	（135）
135	重庆海关报关行旧址	（135）
136	白象街 151 号民居	（136）
137	重庆海关办公楼旧址	（136）
138	私立临江小学大门遗址	（137）
139	工人之家大门	（137）
140	十八梯 171 号民居	（138）
141	体心堂 42 号民居	（138）
142	张国富烈士纪念碑	（139）
143	中国人民解放军重庆红楼招待所	（140）
144	飞虎队别墅 1 号楼	（140）
145	飞虎队别墅 2 号楼	（140）
146	国民政府国际问题研究所印刷厂办公楼旧址	（141）
147	《大公报》报社生产洞旧址	（142）
148	打枪坝水厂办公楼旧址	（142）

其他（1 处）

| 149 | 中央公园旧址 | （146） |

编后记/编者 …… （147）

古遗址

母城记忆
THE MOTHER CITY MEMORY
——渝中文物概览

老鼓楼衙署遗址

位于渝中区解放东路朝天门街道巴县衙门片区,背山面江,地处金碧山下。该遗址为重庆宋代以来的衙署区,分布面积逾8万平方米。2010年3月,渝中区文物保护管理所在第三次全国不可移动文物普查中发现该遗址。2010年4月至2012年12月,重庆市文化遗产研究院在遗址Ⅰ、Ⅱ区,连续开展了三期考古发掘,发掘总面积达12360平方米,清理揭露宋元、明清及民国时期各类遗迹261处,出土遗物12000余件。2019年,为廓清高台建筑东南部形制,重庆市文化遗产研究院对Ⅲ区开展主动性发掘,发掘面积800平方米。清理揭露宋元、明清时期各类遗迹29处,出土遗物31件。

该遗址兴建于宋蒙(元)战争的历史背景之下,是南宋川渝地区的军政中心——四川制置司及重庆府治所。著名的川渝山城防御体系即在此筹建经营,在一定程度上影响了世界文明的发展进程。考古发掘显示,该遗址规模宏大,宋元、明代、清前期三个时期的衙署建筑叠压分布,纪年明确,文物遗存丰富,地层关系清晰。其中,宋代夯土包砖式高台建筑是最重要的发现,为清代晚期张云轩所绘《重庆府治全图》中标记的建筑"老鼓楼",老鼓楼衙署遗址由是得名。

该高台建筑遗址南邻解放东路,西连巴县衙门街,部分压于解放东路下,以解放东路为界,分为北、南两部分。其中北部遗迹揭露部分平面形状近长方形,残长24.37米、宽24.70米,残存最高处约7.65米,包括夯土包石台基和夯土包砖高台两部分。南部遗迹揭露部分平面形状近长方形,南北残长22.30米、东西暴露宽25.90米,残存最高处约4.35米。

夯土包石台基即高台建筑地基,高约3.05米,大部分包边石墙可见8层,以楔形条石错缝丁砌垒筑,由下至上层层收分,内部以夯土填实。台基所用条石长0.90~1.62米、宽0.25~0.50米、厚0.27~0.42米。夯土包砖高台残高约1.70~6.35米,长方形青砖以一丁一顺或一丁二顺错缝砌筑,厚0.30~0.80米,墙体外壁由下而上层层收分,倾斜度约79°。砖墙内以黄褐色黏土夹杂小型鹅卵石层层夯填,残存31层,夯层厚0.20~0.22米,夯窝直径0.03~0.09米、深0.01~0.02米。夯土内夹杂大量陶瓦、白釉瓷、黑釉瓷、青釉瓷及缸胎器等遗物残片。青砖呈长条形,长36.00~38.00厘米、宽约19.00~19.50厘米、厚约9.50~10.50厘米,侧面多模印阴文或阳文的"淳祐乙巳,东窑城砖""淳祐乙巳,西窑城砖"。

根据墙砖铭文纪年、夯土内黑釉及青白瓷片推断,高台建筑基址始建年代为南宋淳祐年间。结合建筑形制分析,其功能应为南宋四川制置司及重庆府衙的谯楼。明洪武十四年(1381年),谯楼上又设漏壶台,明清时期多有修葺。清康熙四十七年(1708年),重庆知府陈邦器修复谯楼,改名为"丰瑞楼",题额"襄海境清"。清乾隆二十四年(1759年),重庆知府书敏在白象街后开新丰街,建新丰楼,题额"声闻四达"。新丰楼南与丰瑞楼相对,成为"新鼓楼",故丰瑞楼改称"老鼓楼"。1934年修南城路时老鼓楼被毁大半。

老鼓楼衙署遗址是重庆城市发展史上重要阶段的珍贵见证,它的发现填补了重庆城市发展史考古上的空白,是重庆从普通州府成为西南地区的政治、军事中心这段历史的重要见证,对于研究重庆城市沿革变迁有着重要意义。同时,老鼓楼衙署遗址作为四川制置司衙署治所,是南宋时期川渝地区宋蒙(元)战争的指挥中心,是南宋时期川渝地区宋蒙(元)战争史的关键见证,具有重大历史价值。其营造法式及建造、雕刻工艺体现出高超的科学、艺术价值。作为重庆市发现的等级最高、规模最大的衙署建筑遗存,老鼓楼衙署遗址见证了重庆定名以来近千年的沿革变迁,符合中国传统衙署建筑规制的同时又具有鲜明的巴渝地域特色,对于丰富中国宋元时期都城以外的城市考古资料具有重要意义,具有较高的社会文化价值。

该址在第三次全国文物普查中被发现,被列入"全国第三次文物普查百大新发现",2012年获评"全国十大考古新发现",2013年由国务院公布为全国重点文物保护单位。目前该遗址正在建设城市考古遗址公园。

老鼓楼衙署遗址

衙署高台

高台铭文砖

巴蔓子墓

  位于渝中区七星岗莲花池，坐西向东，在一石拱券洞内。该墓俗称"将军坟"，相传此处为东周时期保卫巴国城池不受损失而自刎于楚的巴蔓子将军之墓。明代此处被认为"巴君冢"，清代附会为"巴蔓子墓"。该墓呈六边形，每边宽2.62米，通高2.3米，全部石封。墓前立一石碑，宽1米，高1.5米，碑正面镌"东周巴将军蔓子之墓"九字，隶书，字径0.12米，上款"中华民国十一年十二月吉旦"，下款"荣县但懋辛题"。墓所在的石拱券空高3.8米，宽6.1米，深7.2米，外有铁栏，洞顶上为中山一路人行道。

  据《华阳国志·巴志》记载，战国时期，巴国内乱但又无力平息，巴蔓子将军向楚国求救，希望楚国派兵协助平息内乱，并允诺事成之后以出让三城作为酬谢。在楚军帮助下，巴国内乱平息。楚国索取城池，巴蔓子将军不忍国土丢失，却又不能食言，于是拔剑自刎，割头谢楚。楚王知得此事，遂以上卿之礼厚葬巴蔓子将军头，巴国则亦以上卿之礼厚葬其身。

  清初刘道开《涵园二首》诗原注谓："（王园）内旧有巴蔓子墓，公（王应熊）移去石坊、叠山石，灭之。"清乾隆《巴县志》："巴蔓子墓，治西通远门内。雍正间郡守张光麟修立碑表，之后圮。乾隆二年县民周尚义捐修，砌以石。"

  该址于2000年由重庆市人民政府公布为重庆市文物保护单位。

巴蔓子墓

古建筑

母城记忆
THE MOTHER CITY MEMORY
——渝中文物概览

湖广会馆

位于渝中区东水门正街4号、芭蕉园1号,下洪学巷、东正街一带,紧靠东水门城门。湖广会馆建筑群始建于清康熙年间,嘉庆、道光、光绪期间先后扩建。现存禹王宫、南华宫和齐安公所三处会馆建筑,统称湖广会馆建筑群。该建筑群整体坐西向东偏南,由建筑外墙和围墙闭合,禹王宫位于北面,南华宫位于西南,齐安公所位于南面,三组建筑呈曲尺形分布。

历史上,"湖广填四川"可追溯到元朝末年。湖北籍红巾军将领明玉珍入主重庆,建大夏国政权。因湖北一带战乱不休,湖北同乡千里前来投奔,可谓"湖广填四川"之始。明初又有大量移民入川,形成迁徙浪潮。明末清初,四川战乱,瘟疫流行,饿殍无数,田无收获。从康熙年间开始,清政府实施"湖广填四川"政策,湖广、两广、江西、陕西等省农民迁入四川,前后持续上百年,先后有100多万人入蜀。

会馆是明清时期都市或异乡中由同乡组成的一种民间团体,具有保护自身利益、协调关系、联络感情的作用。到清末,重庆城有"八省会馆",包括江西会馆、江南会馆、陕西会馆、福建会馆、云贵会馆、山西会馆等。每个会馆都有相当的规模和经济实力,会馆的头面人物被称为"首事"。官府办事,往往与"八省首事"商量。

①禹王宫

位于太华巷7号,又称禹王庙、三楚公所。始建于清康熙年间,现存建筑系清道光二十六年(1846年)

俯瞰湖广会馆

重建。该建筑由不对称横排三殿和四进合院组成,坐西向东偏南,建筑面积2141平方米。主轴线上依次排列大门、正殿、后院,北线有北配院,南线并排两配殿及两进配院。

大门及所在建筑为2003年修缮时新建。门作四柱三间牌楼式,明、次间各开一门,其中左(北)侧次间门为该会馆原有清代朝门,修缮时置此。该门以石砌拱券,宽2米,高3.4米,下安地栿石。门拱上置方形石匾,阴刻"九州攸同"四字。大门及所在建筑隔中庭与禹王宫主体建筑相望。

禹王宫主体建筑为抬梁穿斗混合式木结构。正殿前连过厅,过厅前有三进踏道连接中庭。过厅三重檐歇山顶牌楼式敞门,面阔5间,明间宽5.8米,总面阔17.6米,进深6.9米,净空高10.7米。各间檐下均施如意斗拱,穿枋间置雕花板,下置浮雕挂落。明间挂落上方有"禹王宫"木匾,挂落至地面高约5米。正殿台基高于过厅1.8米,以中分两坡踏步连接。正殿面阔5间,当心间宽5.8米,总面阔21.2米,进深10米,中置2003年新作大禹铜像。主轴线后院位于正殿后方,平面长方形,台基高于正殿,由正殿两侧以踏步连接,正殿左侧石拱门上有"奎壁之府"四字。该后院前为倒座戏楼,隔天井面对看厅。天井宽10.5米,进深6米。戏楼单檐歇山顶,面阔5.5米,进深6米,嵌入天井2米。看厅单檐悬山顶,檐下施如意斗拱,面阔15.6米,进深11.5米,主檩上题有"楚省两湖十府士商捐资公建,大清道光丙午岁孟夏月榖旦"。该后院左右辟侧门,左侧石拱门上有"恩流甘露"四字。

北进配院以围墙合围,宽9.9米,进深14米。其台基高于正殿,面对主轴线的南侧面辟门,与主轴线通过踏步连接。南一配殿居正殿右,单檐悬山顶,面阔3间11.2米,进深15.8米。其进深第一间为檐廊,平面与正殿错落。檐廊左右开石拱门,上刻有"止肃""廉溪祠"等字,分别连接正殿和南二配殿。南一配殿后部设有南一配院,平面布置与主轴线后院相仿,倒座戏楼宽4.5米,进深7.5米。天井宽7.4米,进深7米。看

湖广会馆大戏台

厅面阔3间11.2米,进深9.8米。该院台基高于配殿,通过侧门与外部连接。南二配殿并列于南一配殿右侧,均通过前檐廊与正殿横向连接。该配殿单檐悬山顶,面阔3间13.6米,进深11.4米,其后置有与南一配院并列的南二配院。该院前有回廊,面阔8米,进深14米,三方围合天井,一面对坐厅。天井宽5.3米,进深8米。坐厅面阔3间5.3米,进深5.3米。主檩上有"楚省两湖十府绅粮士商捐资重建,大清道光丙午岁律中中吕月榖旦"题字;中间为阴阳太极图。该院台基高于配殿,通过侧门与外部连接。

从清代至民国,该址作为两湖籍移民会馆所用。抗日战争时期,湖广会馆曾用作军用203仓库。1947年,两湖旅渝同乡会公产管理委员会将芭蕉园7号(过去的老门牌号,后来改为22号)禹

王庙内的会产租给童荣臣,年付租金 300 万元。1951 年 3 月,童荣臣把芭蕉园 22 号原两湖同乡会的房屋以人民币 2200 万元(旧市)的价格,卖与中国百货公司西南区公司。1953 年 5 月 23 日,房屋产权变更到中国百货公司重庆采购供应站名下。1956 年 6 月,芭蕉园 22 号的房屋转给重庆市国营商业仓储公司使用,使用至 2003 年被拆迁前。

②南华宫

又名广东会所,位于下洪学巷 19 号,为广东籍移民建造。始建于清乾隆五十一年(1786 年)前,现存建筑重建于清嘉庆二十三年(1818 年)。

南华宫为四合院布局,四周高墙耸立,南北长 30.5 米,东西宽 25 米,现有建筑面积 711 平方米(天井除外),占地面积 755.14 平方米。原朝门在 33 号院内,大门为牌楼式,四柱三间五楼,门上竖额饰浮雕卷草石质匾,上有"广东公所"四字。大门门楣上题刻"南岭观瞻",两侧门上题刻"岳峙""川渟"。

该院坐西朝东偏南,院内建筑大体对称布置。入口倒座戏楼面对看厅,两侧厢楼。戏楼为木结构歇山顶,楼高 9.6 米。梁架为八檩五架梁,角梁之下为屈蹲负重力士的圆雕。戏台面宽 9 米,进深 8.4 米,高 2 米。台顶叠涩八角藻井,额枋雕二龙戏珠。戏楼脊檩维修时发现"嘉庆戊寅年"重修题记。两侧楼厢左楼长 28 米,宽 2.8 米,青瓦面。右楼长 24 米,宽 2.8 米。戏楼至看台宽 12.3 米,中为天井。厅两进相连,皆悬山顶。梁架结构为七檩七架梁。两厅共进深 9 米,面阔 3 间 12.3 米。八角柱础。厅上额枋多雕戏文内容及游龙、瓶花等。两侧石厢分别有额匾,一为"骋怀",一为"游目"。

清代至民国,该址作为广东、浙江籍移民会馆使用。1924 年在该址馆内创办私立广业小学。抗战期间,该址曾租给中国银行重庆分行作为仓库使用。1949 年后转为公立小学,更名为解放东路第一小学。20 世纪 30 年代,该址部分房屋作为重庆市外贸公司仓库。20 世纪 80—90 年代,该址房屋作为包装厂、成衣厂作坊使用,直至 2003 年被拆迁。

③齐安公所

齐安公所是在湖广会馆会首支持下,由湖北黄州府商人集资修建的府会馆,亦称"帝主宫",位于下洪学巷 44 号,清嘉庆二十二年(1817 年)建,光绪九年(1883 年)至光绪十五年(1889 年)重建。该建筑由南向北依次排列戏楼、看厅、抱厅及正殿,两侧是附属建筑。南北长 49.5 米,东西宽 42.2 米,建筑面积约 1629.7 平方米。朝门位于会馆东侧,门匾上阴刻"齐安公所"四字,山门墙面上嵌彩瓷片青花宝瓶。墙体青砖上,有"齐安公"阴、阳两种模印。戏楼木结构歇山顶,面阔 7.5 米,高 8 米。卷棚檐下额枋雕有长幅戏文故事,其余雕博古图、鱼樵图、杂宝图等。楼枕额枋上两端有深浮雕山水图。一幅为巴山栈道,另一幅为重庆城楼与错落有致的民居图,其标刻有"熏风门"三字。天花为八角藻井,础石为八角莲花。看厅为木结构悬山顶,面阔 3 间 16.3 米,进深 7 米,位于高 2.2 米的石台基上。厅的左右厢楼与戏楼紧连,中间部分屋架为歇山顶,长 16.2 米、宽 3.5 米。绕两侧厢楼栏板除花草、几何纹图案外,主要刻二十四孝的历史典故。正殿悬山顶,抬梁式梁架,九檩七架梁对前后单步梁,面阔 3 间 13.4 米。八角柱础,柱径 43 厘米。此殿脊檩题文为:"嘉庆丁丑春月谷旦立,光绪己丑岁黄州阖府重建。"正殿之下的檐廊两侧有拱券石门,自铭"春晖""云润"。左侧云润门外有天井小院落，天井长4.2米，宽2.5米。两侧皆置房，靠北墙房近方形，为五柱四间，宽13米，进深9.5米。天井面额枋雕人物故事，也存雕花雀替。右侧春晖门前存外廊，长9米，宽10米。廊枋雕香炉、卷草等图案。建筑外由高墙围合，两侧封火墙由多组拱形墙组成，形如游龙。

清代至民国，该公所作为湖北黄州会馆使用，20世纪50年代后，先后做过工厂、仓库、住宅。2002年7月拆迁前，公所有58户居民。

湖广会馆建筑群在抗战期间受到日机轰炸，部分会馆被炸毁。20世纪70—80年代，广东公所大殿、厢房被拆除，修建解放东路第一小学的教学楼和操场，江南会馆被拆除。20世纪80—90年代旧城改造和市政建设，又对会馆部分建筑和周边街区进行了拆除。到21世纪初，禹王宫、齐安公所、广东公所共余建筑约3500平方米。2003年年底至2005年9月，渝中区政府启动修复工程，竣工后建成博物馆陈列布展对外开放。该址于2006年由国务院公布为全国重点文物保护单位。

重庆古城墙

> 位于渝中区，地处嘉陵江与长江交汇的渝中半岛上，三面环江。
> 明洪武六年(1373年)，重庆指挥使戴鼎在宋彭大雅旧城基础上砌石为城，设朝天、东水、太平、储奇、金紫、南纪、通远、临江、千厮九个开门和翠微、金汤、人和、凤凰、太安、定远、洪崖、西水八个闭门，城墙"周二千六百六十丈七尺"，约8720米。民国初年因扩建郭外马路，先拆除了临江门瓮城、通远门瓮城及城墙。1926年开始，潘文华任重庆市市长，为建筑马路，宏阔码头，朝天门、南纪门、西水门、定远门、太平门（瓮城门及城墙）等悉被拆毁或掩埋。
> 2012年，渝中区文物保护管理所对重庆古城墙遗址开展调查，2015年，重庆市文化遗产研究院对重庆城墙开展专项调查，发现现存明代城门4座，分别为通远门、东水门、太平门和人和门。现存宋代至清代城墙55段约4360米。

——通远门段城门及城墙

位于渝中区七星岗街道中山一路、和平路、金汤街交会处，是明清时期重庆府城的西大门。重庆城九座开门中，只有通远门不靠江只通陆。当年，出通远门西行，是重庆去成都的必经之路，故名通远。

目前，通远门仅存内城门及城墙一段。城门为单门洞，拱券式，一券一伏。门道平面呈"亚"字形，底部道路已被后期建设改变。门道面阔3.5米，进深9.3米，高4.4米。券顶呈半圆形，拱券由17块楔形条石组成，伏为9块楔形条石铺就而成。城墙呈东北—西南向，夯土礅石结构。城墙残长 180 米，高约 7 米，厚 9.3 米。

2004 年至 2005 年，渝中区政府对通远门及城墙进行了保护维修，复建了通远门内城楼，并建成通远门城墙遗址公园对公众开放。

该址于 2000 年由重庆市人民政府公布为重庆市文物保护单位，2013 年由国务院公布为全国重点文物保护单位。

通远门城门

通远门城门

通远门城墙

——东水门段城门及城墙

位于渝中区朝天门湖广会馆旁，连接长滨路，由城门和城墙组成。

东水门为重庆城九个开门之一，始建于明洪武初年，清代、民国、现代多次修补。形制为单门洞，石构，拱券式，一券一伏。门道平面呈"亚"字形，内设阶梯状道路通往城内。门道两侧壁中部均发现4组对称分布的栓眼，其下路面上各凿有一个长方形门臼。门道面阔3.15~3.95米，进深6.6米，高2.65~4.45米。券顶呈半圆形，距底部2.65米处发券。拱券由17块楔形条石组成，伏为9块楔形条石铺就而成。门匾紧接于伏上部，为一整块石板，宽2.15米，高0.95米，"东水门"三字已风化。

城墙依山就势而建，平面呈东北—西南向，夯土砌石结构，石灰勾缝。整体保存较好，现存长约425米，其中约81米被堡坎和建筑遮挡，最宽处约7米，高1.92~6.9米，女儿墙高约1.44米。

该址于2000年由重庆市人民政府公布为重庆市文物保护单位，2013年由国务院公布为全国重点文物保护单位。

东水门城门、城墙

太平门至人和门段城垣

位于渝中区白象街、解放东路、长滨路交会处一带，为重庆古城墙重要组成部分。由太平门、人和门两座城门及相连城墙组成，城墙残长约545米。

2009年调查发现裸露在外的城墙遗迹。2010年、2013年，人和门、太平门及周边城墙在旧城改造过程中逐步显露。2014年3月至2015年7月对太平门遗址进行调查与发掘，发掘面积800平方米。调查发现遗址留存有较好的瓮城；清理揭露太平门主城门、城墙及附属道路、水沟等遗迹33处，确认城门建于明代，城墙在南宋、明、清多次得到修补。出土器物标本300余件，涵盖汉至六朝、宋、元、明、清各个时期，主要有几何陶纹砖、"太平"铭文砖、瓦当、板瓦、青瓷碗、黑釉瓷碗、黑釉瓷盏、青花瓷碗、青花瓷杯等遗物。

该城垣遗址是重庆古城墙的核心组成部分，太平门、人和门分别代表重庆古城墙"九开八闭"中开门和闭门两种不同类型的城门，于2019年由重庆市人民政府公布为重庆市文物保护单位。

太平门（修缮前）

人和门

罗汉寺

位于渝中区民族路小什字罗汉寺7号，始建于北宋治平年间，古佛崖摩崖造像为宋代遗存。摩崖造像分布于罗汉寺大山门内古佛岩通道东西两壁。东壁长24.45米，高3.52米，石刻面积86.239平方米。其中有石窟8个、石龛7个，现共计造像255身，最大者高1.5米，最小者高1.12米。西壁长21.15米，高3.5米，有石窟3个、石龛12个。石窟穹隆顶，石龛弧形顶，造像内容有佛、菩萨、弟子、供养人等，多为高浮雕。

罗汉寺山门内有明代石刻两方。一方宽1米，高2.1米，题"西湖古迹"四字，上款"明天启癸亥嘉平月"，下款"渝守古黄余新民题"。另一方为三诗碑，长0.67米，宽0.62米，上镌《过滩》《将夜》《重庆》三首七言律诗，上款"明嘉靖壬子仲夏"，下款"吴皋题"。罗汉寺由北宋治平年间古月和尚开山建寺，初名治平寺。经历代维修扩建，到明代自葵和尚时达极盛。清康熙五年（1666年）总督李国英重修。清乾隆十年（1745年），因前殿倾圮，改建龙神祠，故俗称"龙王庙"。清中叶，隆法和尚建五百罗汉堂，遂更名罗汉寺，治平寺名遂废。1939年重庆遭日军飞机轰炸，罗汉寺被炸毁。民国时虽重修庙宇，再塑金身，但至1949年尚未全部完工。中华人民共和国成立后，政府又拨款重新维修。"文革"初，寺院五百阿罗汉像全被捣毁。此后此地成为部队驻地。

1982年市政府拨款修复罗汉寺，再塑五百阿罗汉像。1989年9月罗汉寺内动工新建法堂和藏经楼。该址于2000年由重庆市人民政府公布为重庆市文物保护单位，内含罗汉寺摩崖造像。

罗汉寺

东华观藏经楼

位于渝中区凯旋路64号,现存建筑为明代重建,为重檐歇山顶抬梁结构建筑。坐北朝南偏西40°,建筑面积209.67平方米,占地面积246.56平方米。

该建筑上檐施斗拱18朵,为三抄六铺作,下檐施斗拱22朵,为双抄五铺作。面阔5间14.86米,施斗拱8朵;进深4间9.35米,施斗拱5朵;通高15.1米。殿顶盖黄色琉璃瓦,正脊和垂脊为绿色琉璃瓦,脊饰鸱兽。现基座踏道等被后期建筑物淹没,前檐柱高3.8米部位铺楼板,其下为地下室。

民国《巴县志》载,东华观修建于元至元代,明天顺七年(1463年)、明正德十一年(1516年)重修。《蜀中名胜记》引《旧志》"城中有东华观,观后有东华十八洞,皆相通……相传东华真君于此得道"。当时东华观殿宇三重(下殿、正殿、上殿),内设殿堂9个和藏经楼,还有厢房、花园等。1926年遭遇大火,火灾后庙宇和住房仅有原面积三分之一。1939年该庙被日机轰炸,大部分残破。近代城市扩展修凯旋公路,该庙遂被公路分为上下两段。中华人民共和国成立后该处由重庆市道教协会、印制十一厂等单位使用,目前仅藏经楼原貌尚存。

该址于2000年由重庆市人民政府公布为重庆市文物保护单位。

东华观藏经楼

谢家大院

位于渝中区太华楼二巷 2 号,建于清晚期,占地约 1000 平方米,建筑面积 1259 平方米。该大院为二进式穿堂布局,穿斗抬梁结构。其头道朝门紧靠街道石梯口,"八"字形布局,侧墙灰塑花卉壁画,门楣阴刻"宝树传芳"四字。二道朝门歇山式门罩,作彩绘及瓷片装饰,门匾题刻已风化不识。两进院落的天井均面宽 8 米,进深 2.3 米。中堂面阔 3 间,宽 20 米,进深 6.3 米,内空高 8 米。中堂与后堂之间有镂空雕刻"遮堂门"。后堂面阔 3 间,明间为祭堂。其两侧厢房面阔 9.1 米,进深 7.8 米,为主人起居之所。二道朝门左右设两转角木梯,楼上设有内眷居所、书房、库房等。该大院木作主要为门窗、撑拱、雀替、挂落等,以深、浅浮雕及圆雕、透雕等技法刻戏曲典故、花卉鸟兽、吉祥如意等图案。

谢家大院是江西布庄商人谢亿堂、谢赞堂兄弟修建。谢亿堂,字艺诚,清道光、咸丰间人,为实业家"汤百万"汤子敬的岳父。

1949 年后,该大院由市中区房管局望龙门房管所管辖,承租给市民居住。由于年久失修,建筑损坏较为严重。2007 年对谢家大院内住户实施搬迁,对谢家大院进行保护性修复,2008 年 12 月完工。该址于 2009 年由重庆市人民政府公布为重庆市文物保护单位。

谢家大院

状元府

位于渝中区桂花园12号，建于清末，坐南朝北，为三重堂抬梁穿斗混合式木结构建筑。

该建筑呈复式四合院布局，为清代广州骆姓商贾的私家庄园，因状元骆成骧居住于此，固称"状元府"。该建筑面阔44.8米，进深45.2米，占地面积2250平方米，建筑面积1986.9平方米，由前厅、穿堂、后厅和厢房组成。前厅单檐悬山顶，面阔9间，厅房通高8米，进深10米。撑拱、雀替浮雕有麒麟、龙凤、花草等图案，脊塑双龙、仙鹤、香炉、宝瓶等，脊端鸱吻角长逾0.5米，用青、白瓷片贴面，天井内雕有塑石狮。后厅建筑时间较早，系抬梁与穿斗混合式木结构，后厅前建有两列厢房，将后天井一分为三。穿堂和前厅的建筑时间略晚，屋脊高低错落。

骆成骧为清光绪二十一年（1895年）状元，商贾骆昂于1911年建成状元府，又称"骆家花园"。1918年春，重庆联中迁至骆家花园，在此办学21年，其间新修宿舍、自习室、图书馆等。至1939年2月疏散到长寿县河街帝主宫。重庆联中迁长寿后，抗战期间国民政府军委会政治部、交通部、社会部、军政部等单位先后来骆家花园租用、借用、建造办公房，筹设员工子女补习学校，筹建平民新村，搭盖"急造式营房"等。1946年12月，四川省立重庆高级商业职业学校购租了骆家花园重庆联中校本部房舍和校外地皮并在此办学。1951年4月，重庆工农文化干部补习学校在骆家花园开办。1952年7月，西南博物院迁桂花园160号（即骆家花园主宅四合院），并在院西修建文物库房。1955年，重庆市体育训练班从北碚迁至骆家花园四合院内。1958年，重庆市中学教师进修学院从枣子岚垭迁入骆家花园四合院，此后状元府成为重庆中学教师进修学院校址。1984年，教师进修学院更名为重庆教育学院，2002年，更名为重庆市教育科学研究院。

该址于2009年由重庆市人民政府公布为重庆市文物保护单位。

状元府

巴县衙门旧址

位于渝中区朝天门巴县衙门社区，始建于明代，清康熙六年（1667年）重建，清乾隆十六年（1751年）知县王尔鉴重修，是清代巴县衙门建筑群基本毁损以后遗留的唯一的地面单体木构建筑。

该址坐北朝南，为四柱三开间，面阔18米，进深4柱17.5米，建筑面积315平方米。进深方向由三部分构成，最前是面阔3间的抱厦，悬山顶，小青瓦屋面，明间为抬梁穿斗结合式梁架，内空高为7.5米。脊檩上墨书"□□□重庆府巴县知县李玉宣□"。外檐柱之间下部有石栏板连接，栏板石墩有浅浮雕花卉，明间檐柱上撑拱为扁方形，雕刻手法以浮雕为主。两次间撑拱为圆柱形，雕刻手法以圆雕为主。内檐柱撑拱为圆柱形，雕刻手法结合圆雕和镂雕。抱厦之后为一六檩卷棚，驼峰上有浮雕纹饰，内空高6.1米。屋顶与前后建筑形成"勾连搭"。卷棚后为正堂，悬山顶，小青瓦屋面。明间为抬梁穿斗结合式梁架，左右次间为穿斗式，内空高7.6米。脊檩上有"大清光绪□□□□"字样，右侧山墙石拱门额书"水月"。

巴县衙门旧址

据清乾隆《巴县志》卷二"建置·廨署"载："巴县署，在府治右，倚山，东向。明末毁于兵，康熙六年知县张柟重修头门三间、仪门五间、左右角门三间、科房十八间、大堂三间、卷棚三间、二堂三间、两厢房六间、左厅四间、对厅三间、三堂五间、两厢房四间、西书房上下八间、厨房五间。乾隆十六年知县王尔鉴于署左山上建望江书屋五间，二堂右建房三间，三堂右上下建房四间，二十三年火共毁四十九间，知县王尔鉴重修并建旌善、申明二亭。"据民国《巴县志·职官》，李玉宣前后两次担任巴县知县，时间分别是清同治九年到同治十二年（1870—1873年）和清同治十三年到清光绪四年（1874—1878年）。根据现存建筑两处脊檩上的题字，清乾隆二十三年（1758年）后，巴县衙门至少在同治和光绪两个时期经历过整修。

巴县衙门旧址现存厅房的属性，目前尚无定论，一说为巴县衙门左侧的衙神祠的部分建筑，一说为捕厅的部分建筑。

民国时期，巴县政府在清代留下的巴县衙门内办公，其下的公安局、财务局在紧邻巴县衙门旧址的征收局巷办公。抗战爆发后，重庆作为战时首都，1939年5月5日升格为特别市。按国民政府令，巴县政府迁至市外办公，暂驻南城坪、人和乡（今重庆市九龙坡区华岩镇冷水场），1941年迁驻李家沱马王坪。迁离后，巴县衙门逐渐成为地名。房屋由重庆市邮政局使用，曾做邮裹房。抗日战争期间，巴县衙门遭到日军飞机轰炸，被毁坏殆尽，仅剩现存地面建筑。中华人民共得国成立后巴县衙门旧址房产归属四川省邮电局，曾作为招待所使用。后邮电局将房屋租给服装加工厂，直至2009年此片区被拆迁。几十年来，在不同单位使用过程中，巴县衙门旧址局部被改建、维修。

该址于2003年由渝中区人民政府公布为渝中区文物保护单位。

下洪学巷客栈

位于渝中区望龙门下洪学巷23号，建于明末清初，坐北朝南偏东35°，为一楼一底砖木结构建筑，带回廊加两天井式院落。建筑面积484.8平方米，前后各有一个天井，院落布局（呈）"日"字形。房间共有13间左右，大者约14平方米，小者约8平方米，正门进口处大厅约20平方米。石门额匾上有"紫气腾辉"四字。建筑内驼峰、雀替、撑拱等构件保留了明清建筑特色。客栈靠望龙门、东水门水码头，邻两广会馆、江南会馆等，会馆客房满员时，宾客来此落脚。附近有川东道、巴县学署、城隍庙等。客栈反映了明清时期的建筑、民俗、生产、生活等方面，体现出渝中区下半城作为重庆母城的社会面貌及历史特色，对研究城市发展有一定参考价值。

该址在第三次全国不可移动文物普查中被登记为渝中区不可移动文物点。

下洪学巷客栈

石绳桥

位于渝中区鹅岭公园（原名"礼园"）内，建于清宣统年间。东西朝向，桥长12.3米，宽2.6米，通高5.85米，桥基高1.9米，拱高3.35米，单孔跨径3.2米，共二孔。桥上有石栏，栏高0.68米，石板平铺。石栏杆饰以绳纹浮雕，俗称"石绳桥"。

原名"漪矸桥"，园内建有榕湖、石桥，桥下有倒嵌的熔岩石，由此得名"漪矸桥"。石绳桥反映了当时庭园建筑风貌，具有一定的历史文化、艺术景观价值。

该址在第三次全国不可移动文物普查中被登记为渝中区不可移动文物点。

石绳桥

关帝庙

又名关岳庙，简称关庙，原建于较场口，后迁建于佛图关公园北坡，华村立交南侧。始建年代不详，明末遭兵火毁坏。原建筑坐北朝南偏东30°，木质穿斗结构，一层通楼，具有明清庙宇建筑特色。庙宇面阔26.74米，进深15.5米，通高15.18米，建筑面积约415平方米。原庙共有三重大殿，两重殿宇采用明清重檐歇山式屋顶，殿顶盖黄色琉璃瓦，正殿由40余根圆形柏木大柱支撑，长约30米，宽约25米，面积700余平方米。正殿中供奉关羽铜铸像，高约3米（神像现保存在重庆中国三峡博物馆），两旁侍立关平和

关帝庙

周仓塑像,铁铸春秋大刀长约5米,重千余斤。后殿供奉岳飞、张飞、刘备,旁塑诸葛亮、王灵官、文昌帝君、邱长春、观音等。有孔子像一尊、土地神两尊,屹立大门两侧。

清康熙三年(1664年)四川总督李国英重建。该庙同治二年(1863年)再次重修,并立有碑记。1914年将民族英雄岳飞像并入同祀,更名为关岳庙。关岳庙原系道教十方丛林,又是川东道教活动的中心,常住道士20多人,规模宏大,香火鼎盛。每年农历二月十五、八月十五,香客信云集。民国时期,巴县道教会、重庆道教会、四川道教联合会曾设于此。林森、冯玉祥、郭沫若等曾到关帝庙观光。关帝庙反映了重庆的民风民俗和抗战时期的历史风貌,具有一定的历史文化和建筑艺术价值。

该址在第三次全国不可移动文物普查中被登记为渝中区不可移动文物点。

长乐永康石朝门

位于渝中区南纪门山城巷26号,始建年代不详,为明清时期某建筑大门。坐西北朝南,通高4米,宽约2米,占地约10平方米。正上方刻有"长乐永康"四字,字迹及石雕纹饰风化严重,石朝门内小院及建筑因年久失修,旧貌不见。建筑主体虽已消失,但石朝门反映了当地的建筑风貌及人文环境,具有历史文化价值,对研究当地社会历史背景有一定意义。

长乐永康石朝门

该址在第三次全国不可移动文物普查中被登记为渝中区不可移动文物点。

能仁寺山门排楼

位于渝中区中华路92号,建于清代,民国重建。坐北朝南偏东20°,歇山式屋顶,面阔3.85米,厚0.45米,通高约7米,仿木砖石结构,与罗汉寺山门排楼相似。

能仁寺原名三教堂,早期名海云寺。《巴县志》记载清康熙四十六年(1707年)改八坊为二十九坊,三教堂属杨柳坊管辖,迄今有 300 余年。牌楼上题有"清嘉庆己卯促夏住持慧龄立"。该寺是重庆市唯一一座尼姑丛林寺庙。1926 年,该寺比丘尼能亮师徒二人改子孙庙为十方丛林,开办楞严学校,更名为能仁寺。1943 年由住持性空法师发起成立"能仁寺佛化尼众学校",以"扫除尼众中的文盲,提高文化水平,培养生产技能"为宗旨办学,每年秋后开学。1950 年性空法师回武胜永寿寺,学校停办。1949 年后,在果性法师主持下,开展生产自救,自食其力。"文革"期间,寺庙内建工厂。1987 年收回全部宗教房产,政府拨款结合自筹资金,陆续重新修建大雄宝殿、观音殿、韦驮殿和钟鼓楼。1990 年广慧法师从"四川尼众佛学院"毕业,回寺协助果性法师管理寺庙,1994 年自筹资金修建了玉佛殿,解决僧人住宿问题。1996 年能仁寺和渝兴开发公司土地互换,新建了餐厅。能仁寺现为重庆地区比丘尼从事佛事活动的中心场所。

能仁寺山门排楼

该址在第三次全国不可移动文物普查中被登记为渝中区不可移动文物点。

凤凰台 33 号石朝门

位于渝中区南纪门凤凰台 33 号,朝门坐南朝北,宽约 2.2 米,高约 3.4 米,占地约 10 平方米。

该址为一栋明清时期建筑的大门,建筑主体已被改建,原貌不见。门拱、门楣、门垛等部位都有石雕,局部保留描金。雕刻内容有八仙过海、祥云、牡丹等。它是目前重庆下半城不可多得的晚清时期石朝门。

凤凰台33号石朝门

该址在第三次全国不可移动文物普查中被登记为渝中区不可移动文物点。

亦庐石朝门

位于渝中区马蹄街 15 号,始建年代不详。坐北朝南,宽 1.8 米,高 3.4 米,占地 6.12 平方米。门中有孔,门中正上方样式雕为荷叶边状。外围为砖筑成,内部为石块筑成。正上方刻有"亦庐"二字,两边刻有对联一副。原有建筑群中仅存此一门及另一处名为厚庐的地方。该址为国民党师长蓝文彬的住所之一,建筑已完全消失。此朝门反映了当地的建筑风貌,具有一定建筑艺术、历史文化价值。

该址在第三次全国不可移动文物普查中被登记为渝中区不可移动文物点。

亦庐石朝门

石窟寺及石刻

母城记忆
THE MOTHER CITY MEMORY
—— 渝中文物概览

佛图关石刻

位于渝中区长江一路佛图关公园南面峭壁上，历代题刻甚多，现存多为清代、民国间题刻，清以前题刻皆剥蚀不清。

佛图关之名，至迟得于南宋，《宋史·忠义六·张珏》："大兵会重庆，驻佛图关。"佛图关碑记石刻，主要集中在东崖，石刻文字大略可分两类，一为歌功颂德类，如"恩週存殁""廉明慈爱"等，二为名言警句类。《蜀中广记》记载："《志》云，治西十里石壁绘佛像，一径仅容舆马，即佛图关也。"摩崖造像有：一佛二弟子像，弧形龛，宽1米，高1.1米，深0.3米，主佛高0.52米，肩宽0.15米，宋刻，部分残坏；佛、观音弟子像，弧形龛，宽3米，高2.4米，深1.4米，造像15身，每3身1组，分5组排列，大者高0.6米，肩宽0.11米，宋刻，部分残坏；释迦牟尼说法经变相，高浮雕大佛1身，通高3.11米，头高1.05米，身高2.06米，肩宽1.55米，结跏趺坐，右手抚膝，左手做说法印，宋刻，莲座下部风化，手指部分残坏。

该石刻于2009年由重庆市人民政府公布为重庆市文物保护单位。

佛图关石刻

主要题刻如下：

佛图关铭：刻于清同治十三年（1874年）。《佛图关铭》是刻在4块石碑上的文字，篆书，镶嵌在石壁上，面向长江。明代四川永宁奢崇明叛乱，这是记载叛乱后情况的石刻铭文。作者为内阁中书舍人严学淦，书者为川东兵备道姚觐元，同治十三年（1882年）六月重庆知府瑞亨刻于此。

佛图关：刻于清光绪八年（1882年）。"佛图关"三字题刻，行书，字约100厘米×100厘米。款为"光绪壬午四月",即光绪八年(1882年)。该三字是佛图关诸题刻中唯一的阳刻,即字是凸出的,非阴刻。

清正爱民:刻于清光绪十八年(1892年)。"清正爱民"四大字居中,其左下有"巴县绅商等公颂"七字。落款为"光绪十八年仲春月吉立"。应有上款文字,已不存。

恩週存殁:国璋德政碑,通高4.28米,中为"恩週存殁"四大字,左右有"序",上扇形内为"德政"二字。国璋,光绪七年(1881年)任巴县知县。

国璋德政碑,即重庆的绿营兵因"新置义地一股",国璋给他们极大帮助,为感国璋之恩而建立,是在国璋去世后由绿营兵镌刻。"恩週存殁",恩,指恩情;週,同周,环绕义。意思是国璋对"重庆镇标右营马步旗队"的恩情,在他活着的时候及去世后都存在。

廉明慈爱:刻于光绪二十七年(1901年)。"廉明慈爱"四字,每字高约1米,宽约0.62米。其右文字为"邑侯振之张老父台大人德政",左为"光绪廿七年巴邑士商恭颂"。即为"振之张老父台大人",当是"邑侯"(巴县知县)的父亲。按《巴县志·职官》,清巴县知县有叫"张铎"的人,陕西举人,光绪二十五年(1899年)任巴县知县。此为巴县士民、商人为张铎之父镌刻的德政碑。

谭氏节孝碑:刻于清宣统年间。碑刻为"□□正气。皇清□□□□公作□□妻谭氏安人节孝碑……敬立……宣统……建修",以旌表谭氏安人节孝。

东川砥柱:刻于晚清。"东川砥柱"四大字,无年款、书写人姓名。以前人们形容佛图关是四川东部、重庆重镇的一大"砥柱"。砥柱山,在河南西部三门峡东边的黄河里,为山形河石,历来被人们传颂为英雄石,为中华民族坚强不屈的象征。"中流砥柱"成语由此而来。

水声琴韵:刻于晚清。"水声琴韵",篆书,无年款、书写人姓名,应为晚清题刻。

愿吾民格言题刻:刻于晚清。原文为"愿吾民,敦孝弟,勤职业,崇简朴,息争讼",今仅有"愿吾民,敦孝弟"等字可辨。楷书,无年款、书写人姓名,每字约110厘米×110厘米。

追思碑:刻于清代。"追思碑"三字,乃某碑上之扇形刻,而下部碑文字已磨灭不辨,仅存"民立"二字,故不知"追思"何人。

佛教题刻:刻于民国。"成就菩提""大清静幢""犹如金刚""庄严奠胜",篆书,每字45厘米×25厘米,无年款、书写人姓名。字下刻有印章,已不清晰。1930年,太虚法师初次来渝弘法,拟建世界佛学苑。1932年,太虚再次来重庆,刘湘采纳太虚"就地办一所藏文学院,既可培训汉僧学习藏文,作入藏留学的准备,西藏活佛喇嘛来内地,也有招待卓锡之地"的建议,并得到了重庆军、政、金融界知名人士的大力支持。这就是当时重庆的佛教事业背景,此十六字,为当时所刻。

冯玉祥题刻：刻于民国。"学成须报国,临难且忘家"。"兴亡皆有责,敌我不俱生"。隶书,每字24厘米×30厘米,此为抗战期间冯玉祥书。

挺起胸膛竖起脊梁：刻于民国。"挺起胸膛,竖起脊梁",每字63厘米×63厘米。因加固石壁,现仅存"竖起脊梁"四字的半边。1938年,国民政府在佛图关办中央训练团,训练团大门内的广场边,曾竖立一块高大的标语牌,上面写着"挺起胸膛,竖起脊梁"八个大字。此石刻八字为蒋介石所书。

佛图古关：刻于1987年。"佛图古关"四字,赵朴初书。

"济善□□"题刻：仅"济善"二字可辨,后二字已不可辨。篆书,每字约50厘米×50厘米。时代不详。

七牌坊碑林

位于渝中区大坪循环道电信大楼背面绿化带。该碑林为晚清至民国间渐次形成。清同治七年(1868年)至清宣统三年(1911年),因重庆佛图关外建5座节孝坊、1座百岁坊、1座乐施坊,故称七牌坊。同时该地道路两旁陆续竖立起巨型碑刻。7座牌坊已先后毁于抗战和"文革"时期,但地名得以保留。2009年因大坪地区旧城改造,将七牌坊碑林19通由原址迁移至东面约70米处现址。

该址于2009年由重庆市人民政府公布为重庆市文物保护单位。

该碑林依内容可分3类:德政碑共4通,节孝真烈碑共7通,神道碑及墓碑共8通。碑质沙石,形制基本为平首,文字楷书阴刻。

清道光二十年(1840年)直隶提督军门唐俸禄神道碑原位于七牌坊街南侧原30～31号间。碑高4.69米,宽1.58米,厚0.31米。文从右至左竖列5行,可释读文字有:"大清道光二十年岁次庚子季秋月吉旦……旌□振威将军果勇巴图鲁直隶提督军门唐公俸禄□□之神道。"

清道光年间奉政大夫张孔道神道碑原位于七牌坊北侧原50～54号间。碑高4.29米,宽1.59米,厚0.31米。竖列3行,文字为:"皇清诰封奉政大夫嘉庆辛酉科举人历任直隶任邱广昌高阳静海等县事晋秩同知张公孔道之神道。"

清道光年间南河总督陈公神道碑原位于七牌坊南侧原55～63号间。碑高5.4米,宽1.68米,厚0.29米。文从右至左竖列3行,文字为:"皇清诰授中宪大夫翰林院编修国史馆纂修起居注协修掌云南山西道监察御史巡视北城工科给事中礼科掌印给事中江南河库道署理南河总督陈工□之神道。"

清光绪七年(1881年)罗全忠夫妇墓表原位于七牌坊南侧原30～31号间。碑高4.05米,宽1.63

米,厚0.295米。文从右至左竖列文字5行,可释读文字有:"光绪七年仲冬月之吉,皇清诰封武功将军夫人显考罗公全忠老大人、显妣罗母邹太夫人……表。花翎三品衔候选同知、奉祀男元义等,率孙同知衔伈保先县………"

七牌坊碑林

清光绪七年(1881年)渝城爱德堂首事等为重庆府知府沈鋐立"中外禔福"德政碑原位于七牌坊街南侧原55~63号间。碑高4.09米,宽1.65米,厚0.34米。文从右至左竖列3行:右列"钦命二品衔甘肃分巡安肃兵备道嘉峪关监督前任重庆府正堂炉青沈大人德政",中列"中外禔福"四大字,后款"光绪七年仲冬月上浣,渝城爱德堂首事等公立"。沈鋐,字炉青。清光绪二十五年(1899年)巴县李嘉敏妻童氏节孝碑原位于七牌坊街南侧30~31号间。碑高4.69米,宽1.55米,厚0.31米。文从右至左竖列3行,右列"清光绪二十五年仲春月榖旦",中列"圣旨旌表巴邑处士李嘉敏之妻童氏节孝碑",尾款"嗣男春育、孙克樑、克栋、克柄、克模敬立"。清光绪渝城士商为川东兵备道张铎立"佛自西来"碑原位于七牌坊南侧原55~63号间。碑高4.80米,宽1.51米,厚0.24米。文从右至左竖列3行,右列"钦命四川分巡川东兵备道张公振之观察大人德政",中列"佛自西来"四大字,尾款"渝城……"。张铎,字振之。

清光绪三河船帮首事为川东兵备道张铎立"德洽江流"德政碑原位于七牌坊北侧原56~58号间。碑高4.63米,宽1.52米,厚0.33米。文从右至左竖列3行,右"大公祖张振之观察德政",中"德洽江流"四大字,尾款"三河船帮首事恭立"。

清光绪渝江拯溺救生首事为巴县知县国璋立"恩沛巴江"德政碑原位于七牌坊街北侧原50~54号间。碑高4.46米,宽1.51米,厚0.33米。文从右至左竖列3行,右题"邑侯子达国大老爷德

大观平石刻

位于渝中区黄土坡 31 号附近堡坎石壁上，为清代石刻。石壁面向西南，刻有"大观平"三大字，摩崖阴刻双钩划线，幅高 0.96 米，宽 1.69 米，横幅，字行楷体，字径 0.45 米。无题款年代。"大观"代表盛大景象，"平"代表安定、治理，该石刻反映出十八梯一带古代安定繁荣的盛景，是见证重庆母城文化的石刻实物，具有一定的历史文化价值。

该址在第三次全国不可移动文物普查中被登记为渝中区不可移动文物点。

大观平石刻

鸟游於云石刻

位于渝中区较场口红岩幼儿园北面巷道崖壁上，为明代石刻。"鸟游於云"四字系阴刻，楷书繁体，横刻，字径 1.05 米。其右刻有"三巴重镇"四大字，楷书，横刻，字径 1 米左右，另有"悲塘口""飞将军"几处石刻，1985 年因原市中区教育局修建楼房被毁。

鸟游於云石刻 　　　　　　　三巴重镇石刻

该石刻地处重庆总镇署附近崖壁上，为重庆守备兵署所在地，具有一定的历史文化研究价值。该石刻在 1987 年第二次全国不可移动文物普查中被发现，在第三次全国不可移动文物普查中被复查并登记为渝中区不可移动文物点。

蒋介石题刻处

位于渝中区佛图关公园内东侧（崖壁上），为民国时期蒋介石手书。面向南（长江），为"挺起胸膛、竖起脊梁"八字，楷体，阴刻，高2.07米，宽约1.5米（因治理山体滑坡，被加固砌石所遮挡，只外露0.85米）。佛图关位于渝中区鹅项颈上，是重庆城制高点，海拔388米，两侧壁立，地势险峻。为扼控重庆的咽喉，历为兵家必争之地。抗战时期，此地为国民政府中央训练团基地范围，曾改名为"复兴关"。"挺起胸膛、竖起脊梁"八字具有一定的历史文化、书法艺术价值。

该址在第三次全国不可移动文物普查中被登记为渝中区不可移动文物点。

蒋介石题刻处

大坪九坑子石窟

位于渝中区九坑子街临虎头岩及嘉华立交桥山壁上，建造年代不详。崖面向北面，石窟距地6.18米，高2.04米，宽5.3米，进深3.19米，石窟有一中心柱，宽约1.34米，将石窟一分为二。石窟右方1米处石壁上有一彩绘，高1.8米，宽1.3米，彩绘为佛像，呈站立式于仰莲座上，身长1.71米，头长0.33米，肩宽0.77米。仰莲座宽约1米，高0.2米。石窟内曾有造像，"文革"时期被毁。该石窟反映了当地的宗教文化及社会历史信息，具有一定研究价值。

该址在第三次全国不可移动文物普查中被登记为渝中区不可移动文物点。

大坪九坑子石窟

竹木街摩崖造像

位于渝中区黄沙溪竹木街长江边，九滨路旱桥下，污水处理管道侧面及下方崖壁上，距污水处理建筑左侧 10 米处。面向东南，总长约 35 米，距地总高约 5 米。

石刻及造像共 9 处，呈横排，从右至左共 5 座石龛及造像、1 处石刻、3 处碑槽。1 号石龛为佛帐龛，高 1.5 米，宽 1.3 米，进深 0.3 米。龛内造像身长 1.01 米，头长 0.42 米，肩宽 0.7 米，胸厚 0.2 米，呈盘脚状坐于须弥座上。龛内观音造像左侧有一小神像，宽 0.2 米，高 1 米，进深 0.2 米。2 号龛为圆拱龛，高 0.7 米，宽 0.6 米，进深 0.25 米龛内造像身长 0.53 米，头长 0.17 米，肩宽 0.27 米，胸厚 0.16 米，头部已消失，双肩瘦削，呈坐式于莲台上。3 号龛为圆拱龛，高 1.5 米，宽 1.3 米，进深 0.35 米。龛内造像身长 0.75 米，头长 0.29 米，肩宽 0.57 米，胸厚 0.22 米，呈游戏状坐于狮子座上。狮子座长 0.81 米，高 0.41 米，厚 0.27 米。距 3 号龛左边 7 米处偏下方有一石刻，石碑宽 1.5 米，高 0.65 米，石碑上刻有"政肃淮□"四字，字长约 0.23 米，宽约 0.25 米，阴刻、正楷。5 号龛为圆拱龛，高 0.7 米，宽 0.6 米，进深 0.2 米。龛内造像身长 0.52 米，肩宽 0.29 米，胸厚 0.11 米，头部已消失，呈坐状。6 号龛为圆拱龛，高 0.7 米，宽 0.6 米，进深 0.3 米。龛内造像身长 0.39 米，头长 0.1 米，肩宽 0.21 米，胸厚 0.13 米，呈结跏趺坐于石座上。距 6 号龛左边 9 米处下方有 3 处碑槽，3 处碑槽在同一块崖壁上，石碑已不可寻。各类造像反映了旧重庆老城外长江沿岸的社会背景及宗教文化，对研究当地民风、民俗有参考价值。

该址在第三次全国不可移动文物普查中被登记为渝中区不可移动文物点。

竹木街摩崖造像

近现代重要史迹及代表性建筑

母城记忆
THE MOTHER CITY MEMORY
—— 渝中文物概览

中共中央南方局旧址（周公馆）

　　1958年，该址作为红岩革命纪念馆曾家岩分管建成并对外开放，1961年，该址由国务院公布为全国重点文物保护单位。

——《新华日报》营业部旧址

　　位于渝中区民生路240号（原208号），建于20世纪30年代，坐北朝南，为一幢三楼一底的中西结合式砖木结构黑色楼房。面阔7.2米，进深9.65米，通高约18米，占地面积约69平方米，建筑面积225平方米。

　　西安事变后，初步形成了国共两党第二次合作的新局面。1937年10月，中共中央长江局在南京筹办《新华日报》，1938年1月11日正式创刊于武汉。1938年5月，《新华日报》在重庆城区苍坪街（现邹容路）设立分馆，发行航空版。1938年10月武汉失守后，《新华日报》迁来重庆，营业部设在下半城西二街12号。1940年8月，日机对重庆进行狂轰滥炸，营业部被炸毁。通过各种关系，《新华日报》租下民生路这栋楼房作为营业部门市和办公用房，于同年10月27日迁此对外营业和办公。当时，民生路号称重庆的"文化街"，离繁华市区更近，此处成为《新华日报》及《群众》周刊出版和发行的前沿阵地。1946年2月22日，这里被国民党特务捣毁，《新华日报》营业部迁至德兴里39号星庐继续战斗，直至1947年2月28日被国民党查封为止。

　　营业部大门上方和正面墙体上，分别有国民党元老于右任题写的"新华日报"四个大字，底楼为营业部书报刊门市，对外营业，2楼为图书、广告、发行、邮购部，这些部门同在一间办公室，此外还有一间会客室。3楼有报社社长潘梓年的办公室及卧室,其余为工作人员宿舍。2楼的会客室虽小,却是中共中央南方局开展统战工作和地下斗争的联络站。周恩来、董必武、王若飞、吴玉章等南方局领导人经常在此会见各界人士、各民主党派负责人和外国友人,并与地下党同志秘密会晤。潘梓年经常在这里处理工作,会见来访者。毛泽东到重庆谈判期间,也曾到《新华日报》营业部看望报社同志。

《新华日报》是抗日战争时期和解放战争初期中共在国民党统治区唯一公开出版发行的大型政治机关报,曾被毛泽东誉为"新华军",是统一战线舆论宣传的主要阵地,向全世界展现了中国共产党坚持抗战、争取民主的光辉形象,鼓舞了全国人民的抗战信心,起到了巨大的宣传教育作用。

《新华日报》营业部旧址

该址见证了中共中央南方局和周恩来等在重庆领导《新华日报》社进行革命斗争的战斗历程,具有重要的历史价值。1974年重庆市人民政府将底楼辟为纪念地。1982年将整栋楼房收归红岩革命纪念馆,经全面维修和精心复原后,于1986年10月正式对外开放,并公布为重庆市文物保护单位。2001年作为中共中央南方局及八路军重庆办事处旧址的组成部分,由国务院公布为全国重点文物保护单位。

中共代表团驻地旧址

　　位于渝中区中山三路151号,建于20世纪30年代,是1945年至1946年,以周恩来为首的中国共产党代表团在重庆出席旧政治协商会议时的驻地。坐西向东,为一楼一底的中西结合式砖木结构。面阔44.6米,进深10米,通高13米,占地面积1241平方米,加上房后的附属小平房,建筑面积935平方米。1945年12月,周恩来率中共代表团来重庆出席政治协商会议,国民政府将该楼划拨给中共代表团使用。

中共代表团驻地旧址

　　1946年召开的政治协商会议史称"旧政协",于当年1月10日至31日在重庆召开。国民党、共产党、民主同盟、青年党和无党派人士共计38人参加。会上,左、中、右三种政治势力展开了尖锐复杂的斗争,焦点为军队和政权问题。中国共产党坚持必须首先实行国家民主化和军队民主化,然后才能实行军队国家化的原则,粉碎了国民党企图借军队国家化和统一军令、统一政令之名消灭人民军队和解放区的阴谋。在中国共产党等的努力下,大会通过了《政府组织案》《国民大会案》《和平建国纲领案》《军事问题案》《宪法草案》等5项决议。但由于这些决议在不同程度上有利于人民而不利于国民党独裁统治,最终被国民党统治集团撕毁。

　　为了争取政协会议取得成功,周恩来、董必武、吴玉章、王若飞、叶剑英、陆定一、邓颖超、博古、李维汉、刘宁一等在此多次会见各民主党派及各界人士,为实现民主团结、和平统一而辛勤工作。会议期间,中共还在这里举行了中外记者招待会,向社会各界阐述中共的严正立场。为庆贺叶挺、廖承志获释出狱,中共在此举行了隆重的欢迎会,叶挺重新入党的大会也是在这里举行的。1946年5月,周恩来、董必武先后率领中共代表团赴南京后,此处改作中共代表团重庆代表处和中共四川省委驻地。同年11月,交还国民政府,被重庆警备司令部作为军营使用。1949年后,此楼被重庆市检察院用为职工住房。2011年至2012年,重庆红岩联线文化发展管理中心对旧址实施复原修缮后对外开放。

该址于2000年由重庆市人民政府公布为重庆市文物保护单位,2001年作为中共中央南方局及八路军重庆办事处旧址的组成部分,由国务院公布为全国重点文物保护单位。

桂 园

位于渝中区中山四路65号(原德安里107号),建于20世纪30年代末期。分为门楼、主楼和附属房屋三部分,小院总占地面积726平方米,总建筑面积493平方米。门楼为青砖小瓦,砖木结构,坐北向南。合瓦悬山顶仿西式两层楼建筑,平面呈长方形,占地面积69平方米,建筑面积139平

桂 园

平方米,建于20世纪40年代后期。楼上有房屋3间,底楼中间为过道,两边为房间,圆拱形石框大门临街面南。进大门后东面为主楼,坐东向西,砖木混合结构,一、二楼正面均为宽2.5米的走廊。其南北总面阔11.18米,东西通进深12.26米。窗户均带有百叶窗。一楼过道两边分别为客厅和饭

厅,有房屋4间;二楼为卧室兼办公室,亦有房屋4间;三层为阁楼。主楼占地面积147平方米,建筑面积293平方米。附属房屋建在小院的东北角,为砖木混合结构,合瓦悬山顶平房,平面呈"L"形,占地面积和建筑面积均为61平方米。桂园为重庆谈判旧址之一,毛泽东、周恩来当年曾在此宴请各国驻华使馆负责人和中外各界友好人士,曾在2楼办公和休息。

此园原系重庆一富豪私人住所。1939年,张治中任国民政府军事委员会委员长侍从室一处主任(分管军事),蒋介石官邸就在德安里。为方便工作,张治中从原主人处租下此园。迁居入住时,张治中种下桂花树,并以其父亲桂徽之名,将此小院命名为桂园。

张治中(1890—1969),字文白,安徽巢县人,中国国民党革命委员会领导人之一。第二次国共合作期间,他与周恩来等中共领导人成为挚友,长期承担着国共复杂关系中的调停人角色,为维护两党团结发挥了积极作用,被称为"和平将军"。1945年"重庆谈判"期间,周恩来考虑到毛泽东的安全,向时任国民政府军事委员会政治部部长的张治中借桂园使用,桂园便成为毛泽东、周恩来等中共谈判代表在国共两党谈判期间的主要活动场所,毛泽东、周恩来在此多次会见各党派和社会各界人士。1945年10月10日下午6时,国共两党在桂园签署了著名的《国共双方代表会谈纪要》(即《双十协定》),桂园成为国共谈判的重要见证。

该址于1977年被辟为重庆谈判纪念地,归红岩革命纪念馆管理,并对外开放。2001年由国务院公布为全国重点文物保护单位。

特 园

位于渝中区嘉陵桥东村37～49号,始建于1929年,1931年建成。现存建筑坐北朝南,为两栋砖木结构两楼一底中西式建筑,为原特园的一部分。面阔18.73米,进深14.4米,占地面积972.9平方米,建筑面积1471.8平方米。每栋两个楼梯间平面布局一致,面阔四间,进深两间,蓝灰色外墙,小青瓦屋面,板条天棚,实木楼板、楼梯,杂木花格门窗,第二层有露台、罗马柱等。

鲜英(1885—1968),字特生,四川西充人。鲜英早年加入同盟会,民国初年被选送至北京陆军大学深造,毕业后留任袁世凯总统府侍卫官。1920年刘湘任陆军十六师师长,鲜英为该师参谋长。1939年辞去所有军政职务。鲜英夫人金竹生将积攒起来的钱在上清寺西侧购买了一块地皮。该处是一座小山,系外省人墓地,金竹生在此建房,1931年房屋全部竣工,有大小房屋36间,占地3亩有余,此即特园。

抗战时期,特园成为民主人士的聚会场所,周恩来、董必武常去特园与鲜英面谈。1941年3月,中国民主政团同盟在特园秘密成立,鲜英被推选为民盟中央委员。10月,民盟公开发表成立宣言和《十大纲领》,特园实际成为民盟总部所在地。中国民主政团同盟后来改组为中国民主同盟,其第一次全国代表大会即在特园举行。随着盟员不断增加,民盟成为除国共两党外的第三大党派,发挥着举足轻重的政治影响。中共、民盟均以特园为活动场所,各党派团体、各界人士纷至沓来,于右任、李济深、陈诚、杨森、章伯钧、黄炎培、梁漱溟、沈钧儒、邹韬奋等人均是特园常客。重庆谈判期间,毛泽东曾三次来到特园。因此,董必武将特园誉为"民主之家"。

特 园

作为中国民主同盟的发祥地,又是抗战时期中国共产党与各民主党派及各界民主人士团结合作、共商国是的活动场所,特园具有很高的历史文化价值。2000年由重庆市人民政府公布为重庆市文物保护单位,2013年由国务院公布为全国重点文物保护单位。

国民政府外交部旧址

位于渝中区人民公园3号,建于20世纪20年代,坐西北朝东南,为两幢一楼一底的中西式砖木结构建筑。通高约13.5米,其中左楼面阔18.05米,进深15.75米,建筑面积552平方米;右楼面阔18.85米,进深19.6米,建筑面积624平方米;总建筑面积1100余平方米,总占地面积约2600平方米。两栋建筑屋面均为青砖瓦面四坡水构造形式,墙面为砖柱砖墙,基础为条石砌筑,门窗、卷廊均为欧式风格,整体造型采用外廊式布局。两栋建筑共13个开间。该址为国民政府外交部旧址,也是国民党(左派)四川省党部及重庆高中旧址所在。

此地原为巴县议会所在,民国初年,县议会为县立法机关,主要职权有议决县预决算,县自治经费的筹集及处理方法,以城乡争议事项予以公断,对行政机关提出建议等。1927年初,国民党(左派)四川省党部将此处的右楼用作办公地点。当时,中共重庆地委书记、国民党(左派)四川省党部常委杨闇公即在此楼二楼右边第一间房间内办公。1927年"三三一"惨案发生后,杨闇公牺牲,此楼随同国民党(左派)省党部莲花池办公地一并被军阀刘湘查封。

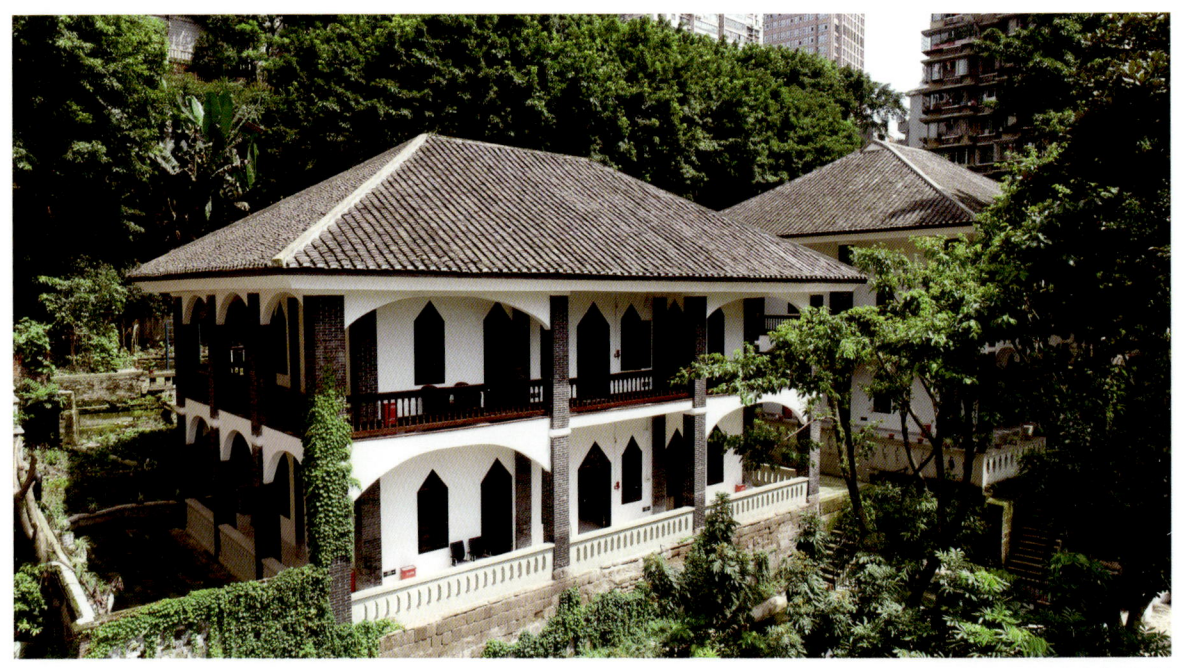

国民政府外交部旧址

1929年,中共党员、黄埔军校学生梁靖超(伯隆)根据党的指示回到四川开展工作,创办了重庆高中,得到刘湘赞许后,刘湘同意拨给经费与校舍,校址就设在此处的左楼。该校名誉校长为刘湘,副校长为梁靖超。重庆高中宣传反帝反军阀的思想,后被刘湘借口没有经费而停办。它是20世纪20年代中共地下组织在重庆直接办的三所学校(重庆公学、中法学校、重庆高中)之一。

抗战期间,国民政府外交部曾在此处办公。1949年后此处曾作为市中区(现渝中区)图书馆使用。

该址反映了清末民初的社会情况、政治演变和早期共产党人的斗争历史,见证了抗战时期中国与同盟国抗击法西斯的外交活动,具有十分重要的历史文化价值。2000年由重庆市人民政府公布为重庆市文物保护单位,2013年由国务院公布为全国重点文物保护单位。

国民政府军事委员会政治部第三厅暨文化工作委员会旧址

位于渝中区天官府8号,坐北朝南,为二楼一底中西结合砖木结构建筑。面阔14.2米,进深11.3米,通高约16米,占地面积约220平方米,建筑面积595.23平方米。该处原是潘文华内弟所建造房屋,抗战时作为国民政府军事委员会政治部第三厅暨文化工作委员会办公处。

1938年初在武汉成立的国民政府军事委员会政治部,其组成人员除国民党各派系人物外,还有在共产党领导下的进步人士,政治部第三厅厅长由郭沫若担任。1940年国民政府下令改组第三厅,并筹建文化工作委员会,将第三厅工作人员转入文化工作委员会。文化工作委员会于1940年11月成立,郭沫若任主任委员。武汉失守后,第三厅移驻重庆,先驻天官府8号,后因日机轰炸,移驻沙坪坝区西永镇香蕉园村全家院子。因郭沫若及随同在天官府8号办公、居住,故该址又称为郭沫若旧居。

该址反映了抗战时期陪都文化界争取民主、坚持抗战的斗争历史,也反映了郭沫若在重庆的办公、生活情况以及抗战时期宣传文化阵地的情况,具有重要的历史文化价值。2000年由重庆市人民政府公布为重庆市文物保护单位。2013年与沙坪坝区西永镇的香蕉园村旧址一起,由国务院公布为全国重点文物保护单位。

国民政府军事委员会政治部第三厅暨文化工作委员会旧址

国民政府立法院、司法院及蒙藏委员会旧址

位于渝中区中山一路312号,为抗战时期国民政府司法院、立法院及蒙藏委员会办公所在地,现为重庆市人民医院(中山院区)门诊部。建于1935年,坐北朝南偏东15°,共9层,为中西式砖木结构建筑。面阔35.6米,进深18.41米,主楼高32米,附楼高22.14米,占地面积约660平方米,建筑面积5030平方米。大楼由方亭、主楼、侧楼及附楼组成,上部攒尖及歇山屋顶。按《中华民国国民政府组织法》规定,国民政府由行政院、立法院、司法院、监察院、考试院等五院组成,立法院是国民政府最高立法机关,于1928年10月成立,执掌议决法律案、预算案、大赦案、宣战案、媾和案、条约案及其他国家重要事项的职权。1937年11月迁重庆,院长为孙科。司法院是国民政府五院组织之一,成立于1928年11月,终结于1948年5月,是国民政府最高司法机关,院长为居正。国民政府蒙藏委员会是国民政府专门掌管蒙古、青海、西藏、西康以及新疆等边疆地区涉及少数民族事务的中央部门,隶属于行政院,委员长为吴忠信。

国民政府立法院、司法院及蒙藏委员会旧址

20世纪20年代重庆开辟新市区,修建中区干道,此处得以开发,逐渐成为闹市。此处悬崖上原有一座观音庙,因而这里被称为观音岩。1935年,四川自贡人李义铭兄弟通过集资,在中区干道北侧荒地上修建医院,取名义林医院,李义铭自任院长。全面抗战爆发后,国民政府迁都重庆,国民政府立法院、司法院及蒙藏委员会、内政部等机构以及重庆市卫戍警备司令部先后征用义林医院办公。抗战胜利后,国民

政府立法院、司法院、蒙藏委员会、内政部等机构随国民政府返回南京，义林医院仍被重庆市卫戍警备司令部征用，1947年归还给义林医院。1949年后，李义铭将义林医院捐赠给重庆市人民政府。1950年8月，重庆市卫生局将其改组为重庆市第二人民医院。1961年2月，又改组合并为重庆市外科医院。1999年，重庆市外科医院根据"修复如旧"的原则对文物遗址所在的门诊楼进行落架大修，后更名为中山医院。2016年，中山医院与重庆市第三人民医院合并后改名为重庆市人民医院。

该建筑记录了国民政府迁都重庆的历史，具有重要的历史文化价值。2009年由重庆市人民政府公布为重庆市文物保护单位。2013年由国务院公布为全国重点文物保护单位。

国民参政会旧址

位于渝中区中华路174号，为抗战时期国民参政会的办公场所，建于20世纪30年代初。坐西向东，为一幢三层楼的中西结合式砖木结构建筑，有独立院墙将其与外界环境隔离。面阔18.1米，进深19.3米，楼高15.3米，占地面积364.77平方米，建筑面积1459.08平方米。

国民参政会旧址

国民参政会是抗战时期由国民党、共产党及其他党派和无党派人士代表组成的最高咨询机关，具有广泛政治影响。1938年2月，国民党中央为便于各党各派各界人士发表政见，决定设立国民参政会，作为国家最高咨询机构。《国民参政会组织条例》规定，国民参政会为咨询机构，有听取施政报告、询问、建议之权。参政员由国民党中央决定后交政府公布，参政会的一切决议须由国防最高会议通过方有效。

1938年7月6日，国民参政会一届一次会议在汉口召开。参政员由国民政府聘请产生，包括全国抗日党派的代表，会议总名额200名，其中国民党党员88名，共产党方面有毛泽东、林祖涵、吴玉章、董必武、陈绍愚、博古、邓颖超等。汪精卫、蒋介石先后任议长，邵力子任秘书长。武汉失守后，国民参政会移驻重庆。除第一次成立大会在汉口举行和最后一次大会在南京召开外，其余11次大会均在重庆召开。

该建筑是中国民主进程中重要实践和国共合作、全国人民坚持抗战的重要见证，具有重要历史和文化价值。2000年由重庆市人民政府公布为重庆市文物保护单位。2013年由国务院公布为全国重点文物保护单位。

重庆市人民大礼堂

重庆市人民大礼堂

位于渝中区人民路173号，始建于1951年9月，1954年1月建成。该建筑坐东向西偏南10°，为仿古中式建筑群，由中心礼堂和分布于两翼的三楼一底南北楼组成。建筑总体高65米，圆形大厅净空高46.33米，四周环绕五层挑楼，可容纳4200余人，总建筑面积18500平方米。

中心礼堂大屋顶，参照北京天坛形式，内部空间呈圆形穹顶。布局上，合理而巧妙地利用山城地形。建筑大门为四跨三列大型牌坊，为钢筋混凝土结构的仿木建筑形式。内部装修和色彩体现传统特色，油漆彩画，雕梁画栋。

重庆市人民大礼堂是中华人民共和国成立初期重庆重要的大型建筑之一，由建筑设计师张家德设计，是邓小平、刘伯承、贺龙等在中共中央西南局主政时期修建的大型公共建筑，是重庆市重要公共集会和演出活动的场所，为重庆地标性建筑，初期名为"西南行政委员会大礼堂"。1954年，西南行政委员会撤销；1955年，中共重庆市委、市人民政府将西南行政委员会大礼堂改名为"重庆市人民大礼堂"，由原四川省书法家协会主席李半黎用楷书题名。

大礼堂曾先后由西南行政委员会办公厅、重庆市人民政府交际处、市服务局、市外事办公室、市旅游局等进行管理。1991年成立重庆市人民大礼堂管理处，对大礼堂进行日常管理和维护。2006年8月—2007年4月，市政府对重庆市人民大礼堂进行了其建成以来最大规模的维修，全部更换了中心礼堂、南北楼木屋架、琉璃瓦、金顶等，并对步云梯、牌楼以及部分配套功能进了维修和改造，既消除了大礼堂因年久失修造成的安全隐患，又让大礼堂焕然一新，重放光彩。

该址于2000年由重庆市人民政府公布为重庆市文物保护单位，2013年由国务院公布为全国重点文物保护单位。

国民政府行政院旧址

国民政府行政院旧址

位于渝中区中山四路36号中共重庆市委机关大院内，该建筑于19世纪末由德国人修建，初为法国天主教教堂，后作为明诚中学办公室兼医务室。坐北朝南，为一座二楼一底仿巴洛克式砖木结构建筑。面阔23.3米,进深24.7米,楼高19.4米,共有房屋19间。

南京政府建立后,于1928年10月3日通过《中华民国国民政府组织法》。该法规定,国民政府由行政院、立法院、司法院、监察院、考试院等五院组成,行政院居首。抗日战争全面爆发后,国民政府着手全方位内迁计划。1937年11月,国民政府在南京召开国防最高会议,蒋介石发表《国民政府迁渝与抗战前途》讲演。行政院随国民政府移迁重庆,征借教会学校明诚中学办公室和医务室作为行政院办公之地。抗战时期,蒋介石、孔祥熙、宋子文先后在此任行政院院长。

1939年重庆遭遇"五三""五四"大轰炸的第二天,行政院决议呈请国民政府颁令,明令重庆即行升格为行政院直辖市,重庆市首度由省辖市转为中央直管。1946年5月5日,国民政府离渝返回南京,行政院随之迁返。1949年后,该楼作为中共中央西南局办公大楼,邓小平、刘伯承、贺龙等曾在此办公。1954年大区撤销后,交由中共重庆市委使用。

该址见证了国共第二次合作这一重大历史事件,与众多重要历史人物直接相关,具有十分重要的历史价值。2000年由重庆市人民政府公布为重庆市文物保护单位,2013年由国务院公布为全国重点文物保护单位。

重庆抗战金融机构旧址群

> 重庆抗战金融机构旧址群包括中央银行旧址、中国银行旧址、交通银行旧址、美丰银行旧址、川康平民商业银行旧址、聚兴诚银行旧址,这些金融机构旧址基本上集中在重庆市渝中区新华路到道门口不到2千米的地带,这些金融建筑在重庆近代建筑中,均为具有典型性和代表性的建筑,在建筑史上具有重要价值。
>
> 1937年抗战爆全面发后,国民政府迁来重庆,全国各地的金融机构汇集重庆,渝中区成为全国政治、经济、金融中心。极盛时期在渝中区的小什字、陕西街这一片弹丸之地,就集中了150多家金融机构。不仅有国家银行、地方银行、商业银行,也有钱庄、银号、保险公司,以及外资银行,如汇丰、麦加利也在重庆设有办事处,银行业多集中在渝中区陕西街一带,这一带成为当时的"中国华尔街",交通银行、川康平民商业银行、美丰银行、中国银行、川盐银行等集中的小什字地区,被誉为"重庆的华尔街"。因此,渝中区一直都有"银行比米铺多"的说法,抗战金融遗址群正是这段辉煌历史的见证者。

——中央银行旧址

位于渝中区道门口9号,建于1938年,由基泰工程公司设计,建业营造厂施工。坐西向东,为钢筋砼结构五层大楼,地下两层为金库。占地面积约500平方米,建筑面积约2500平方米。

1924年8月16日,南方革命政府初设中央银行于广州,该银行于1929年2月改组为广东中央银行,1932年1月又改组为广东省银行。南京国民政府成立后,于1928年11月1日在上海另设中央银行。抗战全面爆发后,中央银行先后西迁南京、武汉和重庆,战后又迁回上海。

1938年8月,汉口沦陷之前,中央银行总行随国民政府迁至重庆,暂借美丰银行大楼5楼办公。

1940年元旦,总行正式迁入新建的银行大楼,主要职能为发行钞券,代理国库收支,经理公债,管理外汇,检查全国金融机构业务,等等,1946年4月1日,中央银行迁回上海,重庆分行于当日复业。

1949年11月重庆解放,该行由中国人民银行接管。后该楼交重庆市商业局使用,现为重庆市商委招待所。

中央银行是抗战时期国民政府重要金融机构之一,此大楼位于抗战时期重庆"金融区",附近有中国银行、美丰银行、交通银行、川康平民商业银行等,是重庆抗战金融机构旧址群的重要组成部分,对于研究抗战时期国民政府的战时金融和重庆金融都具有重要历史价值。

该址于2013年作为重庆抗战金融机构旧址群的组成部分,由国务院公布为全国重点文物保护单位。

中央银行旧址

中国银行旧址

位于渝中区新华路41号,建于1936年。坐东朝西,为钢筋混凝土结构五层大楼,占地面积约4930平方米,建筑面积约18000平方米。

中国银行1912年成立于北京,初为国家银行,1928年,国民政府在南京另立中央银行后,

中国银行旧址

中国银行改为特许经营国际汇兑的专业银行,总处迁上海。从1912年到1928年,中国银行履行中央银行职能,负责代理国库、承汇公款、发行钞票等金融事务。1928年到1942年,中国银行先后在伦敦、新加坡、纽约等国际金融中心设立分行。1935年中国银行改组,增加资本总额为4000万元,官商各半,宋子文任董事长,宋汉章任总经理。1939年10月,中国银行内迁重庆。

抗战时期,中国银行的主要任务是受中央银行委托,经办政府国外款项的收付、进出口外汇及侨汇业务,发展扶助国际贸易,办理有关事业之贷款及投资,办理国内商业汇款以及储蓄及信托等业务。1945年8月抗战胜利后,中国银行于当年10月迁回上海。1949年后,中国银行由人民政府接管。西南大区时代,中国人民银行成立西南区行,行址设在原中国银行行址内。1954年该行撤销,转交商业局管理,曾长期作为重庆饭店的重要组成部分。

该址于2013年作为重庆抗战金融机构旧址群的组成部分,由国务院公布为全国重点文物保护单位。

交通银行旧址

位于渝中区打铜街14号,加拿大建筑师倍克设计,由汉口迁渝的洪发利营造厂在1935年年底建成。坐北朝南,仿巴洛克式风格,为钢筋砼与砖石木混合结构,共五层,局部六层。面阔22.1米,进深24.5米,占地面积625平方米,建筑面积2925平方米。

该址原是川康平民商业银行行址,1937年12月7日,交通银行以45万元从川康平民商业银行购得此楼。1938年1月10日交通银行重庆分行在新址开业。1938年6月,交通银行总管理处内迁重庆,与中国银行共同承担国库收支与发行兑换国币业务。1928年,国民政府立法院通过《交通银行条例》,交通银行成为扶助农矿工商的专责银行。1919年第一次世界大战结束后,交通银行上海分行接管了位于上海公共租界外滩14号的德华银行大楼。1928年,交通银行总行迁到上海外滩。抗战爆发后,交通银行将总行迁到重庆。

交通银行旧址

抗战期间,交通银行的主要业务为:办理工矿交通及生产事业之贷款与投资,国内外工商业汇款,公司债券及公司股票业务,提供仓库及运输业务,办理储蓄信托等业务。抗战胜利后,交通银行迁回上海,此大楼由交通银行重庆分行使用。20世纪50年代中期,交通银行停业,该大楼曾经作为重庆市冶金工业局办公用地,后交建设银行使用。

交通银行是民国时期官办的"四大银行"之一(其他三家为中央银行、中国银行、农民银行),作为反映抗战时期重庆金融历史及建筑风貌的旧址,交通银行旧址具有重要历史文化和建筑艺术价值。该址于2000年由重庆市人民政府公布为重庆市文物保护单位,于2013年作为重庆抗战金融机构旧址群的组成部分,由国务院公布为全国重点文物保护单位。

美丰银行旧址

位于渝中区新华路74号,由上海基泰工程司建筑师杨廷宝设计,近代著名施工企业馥记营造厂来渝施工建成。1934年开工,1935年8月落成。该建筑坐西朝东偏北7°,为一幢七层钢筋砼框架结构建筑。面阔37.8米,进深8.7米,占地面积407.5平方米,建筑面积3352.5平方米。建筑外观似古代钱币"布币",是近代重庆较早出现的具有现代主义建筑风格的银行大楼。

中国近代史上曾有3家中外合资的美丰银行,分别为上海美丰银行、四川美丰银行和福建美丰银行。四川美丰银行由美国商人雷文联合中国商人合资创办,1922年2月在美国注册,设总行于重庆,于4月2日在重庆新街口(现新华路小什字附近)正式开业,额定资本250万元,其中美方占52%,中方占48%。1927年,美方资本全部让渡给中方,该行成为纯粹的华资商业银行。

美丰银行旧址

1937年,美丰银行总经理康心如被选为重庆银行业公会主席,后任重庆临时参议会议长。中华人民共和国成立后,康心如任西南军政委员会财经委员、四川省政协委员、全国工商联执行委员、重庆投资公司经理等职,1969年病逝。

美丰银行购买地皮和修建大楼动用资金49万余元,资金来自四川美丰银行新屋落成纪念储金。第一层至第二层用青岛黑色磨光花岗石贴面,第三层以上采用米黄色釉面薄瓷砖贴面,第三层至第六层均为写字间,由侧面门厅电梯出入。地下室为金库。

全面抗战开始后,内迁重庆的中央银行、中国农民银行在没有修建好新的办公地点之前,都曾在此租住办公。1950年4月,美丰银行宣告停业。1954年后,美丰银行大楼作为中国人民银行重庆市分行办公和营业用房,直至如今。美丰银行大楼对研究重庆金融史、建筑史有着重要意义。2000年由重庆市人民政府公布为重庆市文物保护单位。2013年作为重庆抗战金融机构旧址群的组成部分,由国务院公布为全国重点文物保护单位。

川康平民商业银行旧址

位于渝中区打铜街16号,建于1934年。坐北朝南偏东15°,为一幢四层楼的仿巴洛克式钢筋混凝土结构建筑。面阔16.57米,进深26.7米,占地面积525.43平方米,建筑面积2101.72平方米。该建筑室内外地面有高差,门前有石台阶,地下室为金库。

川康平民商业银行成立于1937年9月,由川康置业银行、重庆平民银行、四川商业银行等3家银行合并成立,简称川康银行。其中川康置业银行成立于1929年,由刘航琛、何北衡等人创办。重庆平民银行创建于1928年,张子黎任总经理。四川商业银行于1932年由唐棣之、甘典夔、刘航琛、范绍增、汤子敬等20多人联合创办,唐棣之为董事长,汤子敬任总经理。川康银行成立后,刘航琛任董事长、宁芷邨任总经理。该银行划分为上海、重庆两个管理区,分别成立申区行和渝区行。抗战胜利后,因囤积黄金、棉纱,资金被国民政府冻结。1947年,该行总管理处由重庆迁往上海。

1949年11月因对外负债过重,宣布停业。

川康银行董事长刘航琛生于1896年,民国时期实业家,1948年助李宗仁竞选总统。1949年1月李宗仁代行总统职权,当年6月刘航琛任国民政府经济部部长。1949年到台湾,1975年死于香港。川康银行总经理宁芷邨生于1895年,爱国实业家,1949年后曾任重庆市政协委员、市工商联执委、市工商联常委、市民建及市工商联文史资料工作委员会副主任、省工商联合会顾问等职,1984年去世。

川康平民商业银行旧址

1938年故宫国宝西迁,曾借川康银行二楼存放过3830箱珍贵文物(后转移至四川乐山安谷乡)。1949年12月,川康银行被重庆市军管会接管,后为重庆市邮政局打铜街支局使用。该建筑主体保存完整,破坏较轻,内部因使用需要虽进行过多次装修,但改变不大。

该建筑是抗战时期重庆"金融一条街"的重要史证,具有很高的建筑艺术价值和历史价值。

该址于2008年由重庆市人民政府公布为重庆市文物保护单位。2013年作为重庆抗战金融机构旧址群的组成部分,由国务院公布为全国重点文物保护单位。

聚兴诚银行旧址

位于渝中区望龙门解放东路112号,建于1917年,由杨希仲委托工程师余子杰仿照日本三井银行样式设计。坐西向东偏北30°,为一幢三楼一底的中西结合砖木结构建筑,另有两层地下室。面阔29.3米,进深52.8米,通高22.78米,占地面积2082平方米,建筑面积6498平方米。建筑布局为"工"字形,地上为四层砖木结构办公大楼,地下两层为库房及金库。基础为石作,石砌台梯,地面为磨石,有拱形木质大门、拱形窗等。

1915年3月,重庆富商杨氏家族成立聚兴诚银行,是重庆第一家私营商业银行,在上海设立分行。其银行业务以汇兑为中心,存放业务与汇兑相结合。杨文光为重庆巨富,负责经营银行者为杨文光之子杨粲三。杨粲三生于1887年,1908年接任聚兴成

聚兴诚银行旧址

商号掌柜,将"聚兴成"改为"聚兴诚",表明以"诚"取信于人。抗战时期聚兴诚银行达到鼎盛,并以其为核心形成庞大的川帮银行集团,并向工矿、交通、公用等部门扩展。1951年11月,聚兴诚银行参加公私合营,杨氏家族银行结束。

1938年至1946年5月,因各种原因,国民政府外交部曾先后在渝觅设办公房址数处,聚兴诚银行大楼被借用一部分设办公之所。

1949年后,聚兴诚银行大楼一部分为聚兴诚银行老职工居住之所,一部分为药材仓库,后为保险公司、工商银行使用。1984年为重庆市农贸中心使用。

聚兴诚银行是重庆历史上重要的私营商业银行,对研究重庆金融史有着十分重要的意义。此

处又曾为国民政府外交部使用,见证了抗战时期中国与同盟国的外交活动。2003年由渝中区人民政府公布为渝中区文物保护单位。2009年由重庆市人民政府公布为重庆市文物保护单位。2013年作为重庆抗战金融机构旧址群的组成部分,由国务院公布为全国重点文物保护单位。

重庆谈判旧址群

重庆谈判旧址群（中山四路36号、嘉陵新路64号、四新路19号）,建于20世纪三四十年代,位于现重庆市委机关大院及周边地区,均为独立型中西结合式别墅,系抗战时期重庆高档官邸别墅的典型代表。

1945年8月举行的国共重庆谈判,是在抗日战争取得全面胜利这一全新背景之下,国共两党就中国战后政治前途而举行的最高层次的谈判。"保证国内和平,实现民主政治,巩固国内团结,以期实现全国统一,建立独立、自由与富强的新中国",是毛泽东赴重庆谈判拟实现的目标,因而得到全国人民的拥护。经过两党数次谈判签订的《政府与中共会谈纪要》（即"双十协定"）,曾为战后中国政治走向描绘过光明前途。正如胡乔木所说:"重庆谈判是抗战胜利后中国发生的头等大事,它承前启后,对未来具有决定意义。"

这些旧址是"抗战胜利后中国发生的头等大事","对未来具有决定意义"的重庆谈判的最好历史物证。它曾经见证过重庆谈判的曲折过程,留存着丰富的历史信息。此外,这里的德安里103号是国民政府军事委员会委员长蒋介石夫妇在渝居住时间最长、活动最频繁的寓所,在此发生的事件都曾对中国现代历史走向产生过影响。

——蒋介石官邸

位于渝中区上清寺中山四路36号中共重庆市委机关大院内（原德安里103号）,1936年富商丁次鹤委托华西兴业公司建筑部设计建造,坐北朝南,是一幢一楼一底的中西式砖木结构建筑,有一地下室。面阔25.1米,通高11米,共有房间10间。建筑面积849平方米。

蒋介石官邸

1938年蒋介石、宋美龄入住此楼，此楼作为国民政府军事委员会委员长蒋介石官邸。1949年12月至1950年2月底，邓小平、刘伯承同住103号楼，刘伯承住二楼。

抗战胜利后，蒋介石邀请毛泽东来渝共商国是。1945年8月28日，毛泽东与赫尔利、张治中、周恩来等同机飞抵重庆，开始了毛泽东在渝43天的国共谈判。在此期间，毛泽东和蒋介石就国共两党关系的重大问题在此楼进行多次直接商谈。有关国内和平的具体谈判，中共谈判代表周恩来、王若飞与国民党代表张群、张治中、邵力子亦多次在此楼进行。

蒋介石官邸不仅是"重庆谈判"最重要的地点，也是抗战时期蒋介石开展重大的政治、军事、外交活动的场所，解放后中共中央西南局第一、二、三书记邓小平、刘伯承、贺龙的住地和办公要地。因此，该建筑作为这些重要历史时期重大历史事件和人物活动的载体，具有十分重要的历史价值。

该址于2006年由重庆市人民政府公布为重庆市文物保护单位，2013年作为重庆谈判旧址群的组成部分，由国务院公布为全国重点文物保护单位。

国民政府军事委员会委员长侍从室旧址（尧庐）

国民政府军事委员会委员长侍从室旧址（尧庐）

位于渝中区上清寺中山四路36号中共重庆市委机关大院内（原德安里101号），1936年川军将领许绍宗建造，因其字尧卿，故称"尧庐"。该建筑坐北朝南，是一幢一楼一底的中西式砖木结构建筑。面阔22.4米，进深21.9米，通高10米，建筑面积750平方米。

全面抗战爆发后，国民政府军事委员会移迁重庆。1938年，侍从室从许绍宗手中借得尧庐，作为办公之地。抗战中，诸多重大的政治、军事、外交、内政等方面的会议都在侍从室举行。

1945年8月28日，毛泽东与赫尔利、张治中等同机飞抵重庆，开始了毛泽东在渝43天的谈判，谈判的主要地址就在这里，多数会议都在此处举行。《双十协定》签署后，国共之间就具体条款在渝继续商谈，多数会议都在此楼举行。1946年底国民政府回迁南京后，尧庐归还给原主人许绍宗。

1949年后，此处为中共中央西南局驻地，西南局撤销后为中共重庆市委办公地。

该址于2013年作为重庆谈判旧址群的组成部分，由国务院公布为全国重点文物保护单位。

——国民政府军事委员会委员长侍从室旧址

　　位于渝中区上清寺中山四路 36 号中共重庆市委机关大院内（原德安里 104 号），为美丰银行董事康心远 20 世纪 30 年代所建，是一幢两楼一底的中西式砖混结构建筑，房屋建筑面积 573 平方米。屋顶仿民族传统的建筑形式，歇山单檐，檐角起翘。抗战时期，国民政府西迁来渝，贺耀组、邵力子曾借住于此，但主要为军事委员会侍从室使用。

　　军事委员会简称军委会，是中华民国国民政府最高军事统御机关。蒋介石担任军事委员会委员长。1933 年，蒋介石为军事指挥上的方便，将随身的参谋、秘书、译电人员等组成军事委员会委员长侍从室，作为自己的办事机构，侍从室对战时中国军事、政治、外交、党务、人事、内政等事项的审定和意见，素为蒋介石重视。

　　抗战中，蒋介石主持召开的许多重大的政治、军事、外交、内政等会议都是在侍从室举行的。1949 年后，此地为中共中央西南局驻地。1950 年 2 月，邓小平入住此楼，在此期间，邓小平起草了与西藏地方政府和平谈判的十项条件，还在会议室接见了进藏部队 18 军师以上领导干部，指挥了解放西藏的昌都战役等重大行动。西南军政委员会和西南军区撤销后，此楼就成了中共重庆市委的办公地，一直到现在。

国民政府军事委员会委员长侍从室旧址

　　该址承载了抗战时期蒋介石智囊中枢、重庆谈判期间国民党谈判策略制定以及邓小平主政西南等重要历史时期的历史文化信息，具有十分重要的历史意义。2013 年作为重庆谈判旧址群的组成部分，由国务院公布为全国重点文物保护单位。

——宋子文官邸（怡园）

位于渝中区四新路19号（原牛角沱19号），为抗战时期宋子文在重庆的公馆。1936年实业家胡光麃委托基泰工程公司设计，由华西兴业公司建筑部施工建造，1937年竣工。该建筑坐北朝南，为一幢仿哥特式风格砖石木结构建筑，带院落，有地下室，连地下室共三层。面阔20.4米，通高约10米，总建筑面积约880平方米。

该建筑平面布局以中央为过道和楼梯间，居室分别位于两边，有大小厅室共16间，2楼有一半圆台，3楼有一小阳台。地板采用楠木镶嵌花边，浴室铺马赛克。2012年渝中区文物保护部门在对怡园进行修缮时，发现地下室有圆筒形大锅炉，有管道连通每个房间的暖气片。底楼有通往地下室的逃生密道。

宋子文官邸（怡园）

1939年夏季，宋子文从香港来渝，借此别墅暂住，并取其夫人张乐怡之"怡"字，将此处命名为怡园。

1945年底，马歇尔为驻华特使，代表美国政府来华居间调停国共争端。12月22日马歇尔抵渝，入住怡园，居间调停国共谈判。1946年1月10日，周恩来、张群在此签订国共之间第一次《停止军事冲突协定》。1949年后，此处曾作为重庆市政府机关招待所，后为上清寺派出所。2011年，派出所迁出。如今，经过再次整修的怡园作为重庆谈判陈列馆，向公众免费开放。

该址于2013年作为重庆谈判旧址群的组成部分，由国务院公布为全国重点文物保护单位。

——吴铁城官邸

位于渝中区李子坝嘉陵新路64号,为抗战时期吴铁城在渝官邸。建于1940年,坐南朝北,为一幢两楼一底的西式风格砖石木结构建筑。面阔20.7米,进深11.3米,通高13.6米,占地面积237平方米,建筑面积935.64平方米。

该建筑底层为地下防空室,上有三层,基础为石作。建筑右侧为三段"S"形石梯。建筑外墙为砖砌,表体抹灰。屋顶为机制洋瓦铺面。

吴铁城,国民党元老,1909年加入中国同盟会。参加过二次革命,跟随孙中山北伐,1945年抗战胜利后任最高国防委员,1947年任国民政府立法院副院长。

吴铁城官邸

1948年调任行政院副院长兼外交部部长。1949年移居台湾,任"总统府"资政等职。1953年在台湾病逝,享年65岁。

抗战胜利后,蒋介石邀请毛泽东来渝共商国是。1945年8月28日毛泽东飞抵重庆。吴铁城时任国民党中央秘书长,毛泽东抵渝不久,于8月31日、9月1日两天内,两次登门与吴铁城晤谈。作为吴铁城的办公地和旧居,此建筑在抗战政治事务中发挥了重要作用,见证了重庆谈判期间毛泽东与吴铁城两次晤谈的历史,对研究抗战和重庆谈判的历史文化具有较高价值。如今,该建筑外观基本保持原貌,内部开间有一定改变。

该建筑又具有典型的山城特色,具有较高的建筑艺术价值,对研究重庆近现代建筑演变有着重要意义。

该址于2013年作为重庆谈判旧址群的组成部分,由国务院公布为全国重点文物保护单位。

同盟国中国战区统帅部参谋长官邸旧址

位于渝中区李子坝嘉陵新路63号，由近代建筑商陶桂林主掌的陶馥记营造厂设计建造。为两楼一底砖混结构建筑，平屋顶，占地面积5000余平方米，建筑面积1017平方米。建筑分为上下两层，共有大小房屋10余间，包括卧室、办公室、会议厅、餐厅、客厅及副官、翻译、警卫住房。平层临江一面有一条宽阔的走廊，为观景、纳凉之所。旧居还有隐蔽的地下室一层，墙体为钢筋混凝土结构，厚达半米。1942年3月史迪威来华后，成为史迪威在重庆的官邸，直到其奉召回国。

该址进门是警卫室，陈列有史迪威将军副官杨孟东使用过的木椅、办公桌以及老式电话机。左边是当时的作战会议室，墙上挂着军事地图，旁边有留声机、微型电影机以及各种军事资料。会议室隔壁是一小型休息室以及会客厅，右边是史迪威办公室、卧室，大门正前方是餐厅，餐厅外是厨房和用人住所。

同盟国中国战区统帅部参谋长官邸旧址

约瑟夫·史迪威是第二次世界大战期间的美国将领，1883年生于美国佛罗里达州，1904年毕业于美国陆军军官学校（西点军校），参加过第一次世界大战，后曾多次来华，担任过美国驻华大使馆武官。太平洋战争爆发后不久，他被派到中国，先后担任中国战区参谋长、中缅印战区美军总司令、东南亚盟军司令部副司令、中国驻印军司令、分配美国援华物资负责人等职务。在其推动下，1944年7月，第一批美军观察组抵达延安。由于史迪威在政治上同情中国共产党，支持中国的民主和进步事业，受到蒋介石冷遇，1944年10月被罗斯福总统召回美国。1946年10月12日病逝，终年63岁。

该址于1991年恢复旧居面貌，2002年对旧居及其周边环境进行整修。重新开放后，正式定名为重庆史迪威博物馆。

2000年由重庆市人民政府公布为重庆市文物保护单位。2013年由国务院公布为全国重点文物保护单位。

保卫中国同盟总部旧址

位于渝中区两路口新村5号（原中山三路新村3号），又名宋庆龄旧居，为1936年德国留学回国的工程师杨能深所建。坐北朝南，为二楼一底的中西结合式砖木结构建筑，占地面积1200平方米，建筑面积为760平方米。该建筑由三部分组成，主楼为宋庆龄旧居及保卫中国同盟（简称"保盟"）总部用房，该楼面阔20.4米，进深9.05米，通高15.85米，有房间26间。底楼下有石砌圆拱形地下室3间，后楼为工作人员用房，房后有一个躲避日本飞机轰炸的防空洞。

1937年11月，国民政府移驻重庆。1939年，该房被国民政府外交部租用，一度用作接待外国客人。1942年，宋庆龄寓居于此，当年8月，"保盟"中央委员会在重庆重新建立，总部机构和办公室即设于此。1945年11月，宋庆龄离渝返沪，"保盟"随之迁往上海。

"保盟"出版的《保卫中国同盟新闻通讯》，该刊广泛动员和争取海外华侨与世界各国人民支持中国的抗日战争。为支持宋庆龄工作，周恩来将廖梦醒调来重庆，参与"保盟"工作。"保盟"积极组织募捐，赈济难民、伤兵和儿童，把大量资金、药品、医疗器械、食品和其他救援物资通过种种渠道运往中共领导下的抗日根据地，还介绍和输送了不少外国医生到抗日根据地工作，为中国人民抗战做出了卓越的贡献。

保卫中国同盟总部旧址

该址于2000年由重庆市人民政府公布为重庆市文物保护单位。2013年由国务院公布为全国重点文物保护单位。

同盟国驻渝外交机构旧址群

同盟国驻渝外交机构旧址群集中分布于重庆市渝中区和南岸区，包含苏联大使馆、苏联大使馆武官处、美国大使馆、美国大使馆海军武官处、美军招待所、英国大使馆、中英联络处、法国大使馆、法国领事馆、法国水师兵营、印度专员公署、澳大利亚公使馆、土耳其公使馆等14处反法西斯同盟国驻渝外交机构旧址。

该旧址群多为始建于民国时期的中西式建筑，砖木结构，具有比较典型的中西合璧的折衷主义风格和重庆山地特色。数量较多，总体规模大，现状保存也较完好，代表了重庆近代建筑的独特神韵，是重庆乃至西部地区近现代建筑发展变革的重要例证，具有很高的建筑艺术价值、文物价值。

抗战时期先后共有30余个国家在重庆成立了大使馆或公使馆，另有数十个国家与迁驻重庆的国民政府建立了各种各样的外交关系，开展丰富的政治、经济、军事、文化诸方面的交流和合作。重庆在国际上树立威望、提升形象，成为"世界各地家喻户晓之一名词""重庆在外交舞台上成为举世闻名的国际城市"。保存至今的苏、美、英、法等国的使领馆旧址等遗迹，正是这段历史岁月的见证，是显示战时首都重庆国际政治、军事地位强力提升的重要物证。该旧址群作为重庆抗战历史文化的重要载体之一，传递着丰厚的历史信息，是重庆在抗战时期重要历史地位、重要历史贡献的一大价值体现，具有重大的历史文化价值。

澳大利亚公使馆旧址

位于渝中区鹅岭正街176号鹅岭公园内，坐北朝南，为一楼一底的中西结合砖木结构建筑。面阔17.36米，进深15.6米，通高约13米，占地面积696.93平方米，建筑面积539.44平方米。建筑屋顶为机制瓦，外墙砖砌，表体抹灰，基础为石作，木质楼板，一层为磨石铺地。1942年至1946年，澳大利亚使馆人员入住使用。

清末，盐商李耀庭在此营造园林，取名礼园，是重庆最早的私家园林。抗战时期，蒋介石夫妇以及英国大使都曾在园中居住。澳大利亚公使馆、土耳其公使馆、丹麦公使馆也曾设于园中。

澳大利亚公使馆旧址

1949年后，此园为西南军区司令部驻地，邓小平、刘伯承、贺龙等先后在此居住。1958年，重庆市政府对礼园旧址扩地修缮，新建楼台亭榭，广植林木花草，命名为鹅岭公园。

1941年7月，中澳两国建立公使级外交关系，国民政府外交部将长江南岸黄葛垭复兴村23号确定为澳大利亚公使馆馆址。因该地位置偏远，交通不便，数月后，公使馆迁往遗爱祠71号李家花园（即礼园，现鹅岭公园），租用园内的一幢中西式楼房作为公使馆用房。抗战胜利后，国民政府于1946年5月5日迁回南京，澳大利亚公使馆随之迁至南京。

该址于2009年作为鹅岭抗战遗址群的组成部分，由重庆市人民政府公布为重庆市文物保护单位。2013年作为同盟国驻渝外交机构旧址群的组成部分，由国务院公布为全国重点文物保护单位。

中英联络处旧址

位于渝中区解放碑五四路37号（重庆国泰艺术中心旁），坐北朝南偏西45°，为二楼一底西式砖木结构建筑。面阔24.45米，进深16米，占地面积391.18平方米，建筑面积1173.54平方米。平面建筑布局呈"L"形，欧式宗教类卷廊建筑风格。此楼原是天主教堂的真元堂的组成部分，1844年由法国传教士修建。1910年扩建，作为传教士居住用房。20世纪30年代被日本人购买使用。全面抗战开始后，中国政府将其没收。1939年至1946年，此楼对外为英国怡和公司使用，实际是中英军事联络处，中英双方在此交换情报。

清康熙四十一年（1702年），罗马教廷委派会士穆天池、毕天祥来重庆，在华光楼（现五四路与大阳沟交会处）设立第一所教堂，开始在重庆传教。此后陆续在蹇家桥、小什字、石板街、九块桥、凉风垭、丛树碑、戴家巷、鹅项颈、深坑子、白果树等地建立真元堂、天主堂、随雅堂、福音堂、培德堂、体心堂、存心堂等教堂。真元堂由法国天主教会在清道光二十四年（1844年）修建，曾是川东南代牧区（重庆教区）主教府，专供中外神职人员（主教、神父）集中居住并开展宗教活动。1949年，真元堂尚有房屋88间，建筑总面积达9850平方米。

中英联络处旧址

1941年6月1日，日本飞机轰炸重庆，真元堂部分房屋被炸毁或震坏，后来再次修复。抗战期间，重庆教区许多重要活动在真元堂主教府举行。1945年8月19日，尚惟善主教在此举行抗战胜利感恩大弥撒,罗马教廷驻华公使蔡宁总主教、南京教区于斌主教参加典礼,政府要员宋子文、孙科等出席,各国驻华使节前往观礼。1951年,真元堂的全部房产被重庆市公安局使用,中英联络处旧址也成为重庆市公安局档案室。2004年重庆市公安局搬迁后,该楼得以保留,经过修缮,面貌焕然一新。

该址见证了中英双方共同抗击法西斯侵略的历史,是重庆抗战历史的文物载体,是显示战时首都重庆国际政治、外交地位提升的重要物证,具有重要历史意义和文化研究价值。2009年由重庆市人民政府公布为重庆市文物保护单位。2013年作为同盟国驻渝外交机构旧址群的组成部分,由国务院公布为全国重点文物保护单位。

苏联大使馆旧址

位于渝中区枇杷山正街104号,始建于1936年,由原川军师长曾子唯斥资修建。坐北朝南,占地面积488.8平方米,总建筑面积2438平方米。

1938年1月19日,苏联新任驻华大使奥莱斯基等由汉口乘机抵渝,1月23日向国民政府主席林森呈递国书。作为第一个将大使馆迁驻重庆的国家,国民政府斥巨资收购私人住宅曾公馆,辟为苏联大使馆。

全面抗战爆发后,苏联立即与中国签订《中苏友好互助条约》。根据条约,1938年7月,苏联向中国拨付5000万美元的贷款。中国利用这些贷款,从苏联购买了低于市价20%的大批武器装备,所购武器足以装备20个师,缩小了中国军队与日军在装备上的差距。

1939年6月13日,中苏再次签订1.5亿美元的贷款条约。一年后,苏联又向中国提供5000万美元。截至1941年,苏联提供给中国的援助与贷款总计达3亿美元,是同期英美两国之和的4.5倍。苏联大使在重庆期间进行广泛的外交活动,并为促进苏联对华贷款起到积极作用。同时还在推动苏联空军来华参加对日作战、推动开辟欧亚交通线、推动苏联开辟东方第二战场、促使日本投降等方面也起到重要作用。"皖南事变"发生后,苏联大使潘友新谒见蒋介石,提出苏方意

苏联大使馆旧址

见。潘友新大使等苏方官员还在这里与周恩来、叶剑英等中共领导人会晤。抗战期间，苏联大使馆遭日机轰炸4次，几经修复。为避日机轰炸，苏联大使馆曾迁往南山。抗战胜利后，苏联大使馆于1946年5月重返南京。1947年，该楼改作重庆市立医院使用。20世纪80年代，由重庆市第三人民医院用作集体宿舍和储藏室，现为重庆市人民医院行政办公楼，保存较好。

作为同盟国驻渝外交机构旧址群的构成之一，苏联大使馆旧址从一个重要方面显示了战时首都重庆的国际政治和外交地位，作为苏联支持中国抗战的重要物证，具有重要历史意义和文化研究价值。2000年由重庆市人民政府公布为重庆市文物保护单位。2013年作为同盟国驻渝外交机构旧址群的组成部分，由国务院公布为全国重点文物保护单位。

土耳其公使馆旧址

位于渝中区鹅岭正街176号鹅岭公园内，坐北朝南，为西式砖木结构平房，与澳大利亚公使馆隔墙相邻。面阔8.7米，进深7.9米，通高7米，占地面积47.73平方米，建筑面积187平方米。

该建筑基础为条石，硬山屋顶，小青瓦屋面，砖柱砖墙，表体为红色砂浆，室内为水磨石地面。

1939年12月至1946年6月，土耳其公使馆（1944年升格为大使馆）租设于此。1939年12月，土耳其公使馆第一任公使席拔希飞抵重庆，12月28日向国民政府主席林森呈递国书。1942年3月20日，新任驻华代办戴伯伦抵渝，1944年4月7日

土耳其公使馆旧址

返国。1944年5月，中土两国关系由公使级升格为大使级，公使馆也升格为大使馆。5月30日，土耳其首任大使杜凯飞抵重庆，6月12日向国民政府主席蒋介石递交国书。1946年6月国民政府回迁南京，土耳其大使馆随迁南京。

该址于2009年作为鹅岭抗战遗址群的组成部分，由重庆市人民政府公布为重庆市文物保护单位。2013年作为同盟国驻渝外交机构旧址群的组成部分，由国务院公布为全国重点文物保护单位。

——苏联大使馆武官处旧址

位于渝中区解放碑沧白路69号。始建于1936年,为重庆武器修理所专家沈芷仁修建。坐南朝北偏东20°,为三楼一底的中西结合砖木结构,建筑呈灰黑色,总体布局为"L"形。该建筑第三层的阳台处为1949年后增建,硬山式屋顶,小青瓦屋面,砖柱砖墙,条石基础。底层为磨石地面,室内为木质楼板,梯道木质,屋顶设有老虎窗。

1938年苏联大使馆迁渝,大使馆设在飞来寺,将使馆武官处设在沧白路。当时苏联与中国签订有《中苏友好互助条约》,先后3次向中国提供总计达3亿美元的援助和贷款,并以低于市价20%的价格向中国出售大批武器装备。苏联还派出空军志愿队来华参加对日作战,通过开辟欧亚交通线向中国运送战略物资。

1940年12月至1942年3月,崔可夫在苏联驻华使馆武官处任少将武官。这期间他还担任苏联驻华军事顾问团团长,为蒋介石军事顾问。在任苏联大使馆武官和军事总顾问时,他积极为中国出谋划策。"皖南事变"发生后,周恩来曾到此会见崔可夫,向他通报国民党当局制造"皖南事变"的情况,崔可夫向蒋介石表示对中国局势的关切,并向国民党方面的军事负责人何应钦、白崇禧慷慨陈词:"皖南事变"无论如何也无法接受。

1949年后,该建筑被辟为重庆市文化局办公地。后又作为重庆市越剧团、艺术创作中心办公场所。因年久失修,损毁严重,于2012年由其管理使用单位重庆演艺集团投入500余万元进行修缮。

作为同盟国驻渝外交机构旧址群构成之一,苏联大使馆武官处旧址是重庆抗战历史的文物载体,是显示战时首都重庆国际政治、外交地位强力提升的重要物证,具有重要历史意义和文化研究价值。2013年作为同盟国驻渝外交机构旧址群的组成部分,由国务院公布为全国重点文物保护单位。

苏联大使馆武官处旧址

——法国领事馆旧址

位于渝中区南纪门凤凰台35号，始建于1898年，坐西向东，为三楼一底砖木结构建筑。面阔32米，进深17.4米，占地面积556.8平方米，建筑面积2227.2平方米。

该建筑为歇山式屋顶，屋面为小青瓦铺面，青砖墙柱承重，墙面三合灰抹面，以条石为基础，大门为中国传统木雕风格，镶有大象、青松、宝塔等浮雕。楼板及楼道为木质，内设壁炉，天花板上有动物和花卉浮雕。建筑形态为带内庭和回廊的合院式，配以中国传统建筑、雕刻艺术。

1890年，中英《烟台条约续增专条》将重庆列为通商口岸。1894年，法国官员到重庆考察设立领事馆。1896年2月，清政府允许法国在重庆设立领事馆，负责管辖四川、贵州、甘肃、新疆、青海、西藏等地区交涉、通商和法国侨民事务。同年3月，法国驻渝总领事馆在领事巷开建，于1898年完工。1902年，法国海军在南岸弹子石建立法国水师兵营。全面抗战开始后，法国大使馆从南京迁来重庆，与领事馆合署办公。1941年，位于领事巷12号的法国大使馆被日本飞机炸毁，使馆迁到凰台35号办公。1949年后，该处房址曾被作为部队幼儿园使用，后来又为红旗纸箱厂厂房。1973年由重庆市塑料工业公司接管，为办公场所。

该址于2003年由渝中区人民政府公布为渝中区文物保护单位。2013年作为同盟国驻渝外交机构旧址群组成部分，由国务院公布为全国重点文物保护单位。

法国领事馆旧址

抗战胜利纪功碑暨人民解放纪念碑

位于渝中区邹容路、民族路和民权路交会处。八面塔形柱体盔顶钢筋混凝土结构。碑体正面向北偏东，由台基、碑座、碑身及钟楼组成。台基部分的青石及石踏步呈半径10米的圆形，台高1.6米，周围为花圃，总占地面积642平方米。碑座由八根青石护柱组成，用重庆北碚上等峡石镶嵌碑座外侧。碑身高24米,通高27.5米。外部八角形,边长2.55米。内部圆形,直径4米,共八层,内有悬臂旋梯140步升至钟楼,钟楼可容纳10余人。钟楼向街口的四面装有自鸣钟。每面有窗户5个,钢筋水泥窗花。正面大门用楠木制成。碑体正面原竖刻"抗战胜利纪功碑",1950年9月20日,西南军政委员会第六次会议决定改为"人民解放纪念碑",碑名由刘伯承题写。作为抗战胜利纪功碑,其历史可追溯到抗战期间的精神堡垒(1942年落成)。1939年3月11日,国民政府颁布《国民精神总动员纲领》及《国民精神总动员实施办法》。5月1日,重庆各界群众数千人举行精神总动员誓师大会,决定在城中心建一座鼓舞士气的建筑物,名为"精神堡垒"。精神堡垒后被日本飞机炸毁,又在基座上立起一根旗杆,依然名为"精神堡垒"。

1945年8月,抗日战争胜利。为了纪念这场旷日持久的反侵略战争,重庆市政府决定在原精神堡垒旧址上修建永久性纪念物——抗战胜利纪功碑。1946年10月31日,由当时重庆市市长张笃伦主持奠基动工,1947年8月完工,10月10日举行揭幕典礼。当时纪功碑八面分别刻有碑文,有1940年9月6日定重庆为陪都的《国民政府令》,1946年10月国民政府吴鼎昌撰写的《抗战胜利纪功碑铭并序》,1947年3月国民政府重庆行辕主任张群撰写的《抗战胜利纪功碑》,等等。碑内底层墙壁镌刻有文字,现部分文字泐蚀,可辨识文字为:"倭寇投降之明年十月三十日……主席蒋公六旬大庆,维时……主政陪都,爱本崇德……体市民凑建抗战胜利……念并组建筹建委员会……心区建设堡垒……直升于顶,上……有观察台设备……奠基三十六年十月……抗战胜利纪功碑筹建委员会(以下为人名),设计人黎伦杰……"1949年后,抗战胜利纪功碑原有碑文和图饰全部被除去,正面改名为"人民解放纪念碑"。

抗战胜利纪功碑暨人民解放纪念碑

人民解放纪念碑是重庆市的标志性建筑。1997年5月20日,重庆市政府对解放碑碑体进行内、外维护,将碑体八根圆柱进行了修复,将碑座周围的铁栏杆拆除,将三层碑座安上了枫叶红的大理石。碑座上的磨石平台换成花岗石,三层梯形带状式的花圃环绕碑座。碑座上做四个乳白色蘑菇式花台,并用四个乳白色立体华灯装饰。

该碑于2000年由重庆市人民政府公布为重庆市文物保护单位。2013年由国务院公布为全国重点文物保护单位。

该址即被纳入中正医院（今重庆市急救医疗中心）使用范围。

2007年，旧址连同周边地带开始拆迁，2008年重庆市文物局同意重庆市急救医疗中心自筹资金，对旧址进行保护，2009年保护工程竣工。目前，该址作为美国大使馆旧址陈列馆陈列布展并对外开放。

该址于2000年由重庆市人民政府公布为重庆市文物保护单位。

沈钧儒旧居

位于渝中区马鞍山18号，建于20世纪二三十年代，坐西向东，一楼一底中西结合式砖木结构建筑。硬山屋顶，小青瓦铺面，面阔10.9米，进深17.7米，通高约10米，占地面积267.2平方米，建筑面积232平方米。外表砖墙抹灰，木质楼板，条石基础，底层为水磨石铺地，外有小院围墙和大门，取名为"良庄"。抗日战争时期，沈钧儒住此。中共中央南方局外事组组长王炳南和夫人王安娜也曾住于此。

沈钧儒（1875—1963），清光绪进士，1912年加入中国同盟会。1936年5月和邹韬奋等人发起成立全国各界救国联合会。中华人民共和国成立后，历任最高人民法院院长、全国人大常委会副委员长、全国政协副主席及民盟中央副主席、主席等职。

1949年后，此处为西南军政委员会核资委员会驻地，后作为参事室。1954年西南军政委员会撤销后，作为重庆市人民委员会机关宿舍。

沈钧儒旧居

该址于2000年由重庆市人民政府公布为重庆市文物保护单位。

若瑟堂

位于渝中区民生路若瑟堂巷 1 号,砖石木结构,坐北朝南,为天主教法国巴黎外方传教会于 1893 年修建。占地面积 640 平方米,建筑面积 3172 平方米,由圣殿与钟楼、两会与教区办公楼、餐厅与其他附属设施三部分组成。

圣殿与钟楼建在西面,东面紧靠圣殿建餐厅与其他附属设施,西南角为两会与教区办公楼,东南角为圣母亭。四周建有围墙,围墙高出地面 7 米,以石为基础,用青砖砌成,围墙外南面、东面、北面为巷道,西墙外为招待所。

西面主体建筑融圣殿与钟楼于一体,哥特式,外墙铺砌青砖。圣殿为正方形,通高 14 米,南北长 40 米,东西宽 40 米,占地面积 1600 平方米。圣殿正门设在钟楼的下部,面南而开,为双扇铜制,高 3.7 米,宽 1.8 米,厚 0.1 米,两扇大门从上至下各雕刻《圣经》图案 4 幅,大门上面为金底蓝、白、红三色瓷嵌的"若瑟堂"三字。大门两侧各建砖砌尖顶拱形小陪门 1 个。圣殿东、西两壁墙柱间设尖顶五色菱形花格玻璃窗。殿中,甬道两旁 12 根凹凸相间的圆形金柱南北距 6.5 米,东西距 4.5 米。正中券顶高 10.9 米,东西两侧券顶高 10.4 米。四壁墙内矗立 22 根墙柱。殿中的 12 根金柱与四壁的 22 根墙柱支顶。正中甬道直达北端祭台。圣殿南面为钟楼,其外观呈"山"字形,正中有红色十字架,通高 46.8 米。钟楼共 6 层,一楼为琴楼,顶上三层各嵌一大钟,东、西、北三面各有金属吊钟 3 个。钟楼沿陪楼木梯螺旋而上,末端有装备钟表机械的圆形房间。圣殿外,东南角圣母亭用石质假山制成,西南角为四层转角小楼,为重庆市天主教两会办公楼,楼下设有消防池。

若瑟堂是 1893 年法籍主教舒福隆在原有平房基础上,将该址扩建为砖木结构教堂,以圣若瑟之名取名为"若瑟堂"。1917 年建设钟楼,1927 年添置两口小金钟于钟楼。1939 年教会为支持抗战,在若瑟堂成立天主教友爱会,捐款慰问被日机炸伤的同胞。抗战期间若瑟堂经堂被炸毁,重庆防空部门在教堂顶部安装警报器,每当日机飞临,即向市民发出警报。1946 年法籍主教尚唯善发起募捐,对若瑟堂进行大规模修复扩建。

该址于 2000 年由重庆市人民政府公布为重庆市文物保护单位。

若瑟堂

四川革命先烈纪念碑

位于渝中区人民公园内，为纪念辛亥革命在广州起义中牺牲的三位四川籍烈士而建，落成于1946年2月。

该碑坐北朝南，呈长方形，为青峡石砌筑。全碑由碑首、碑身、碑座、碑台四部分组成，通高7.06米。碑首高1米，正反两面均饰满卷云纹浮雕图案。碑身高3.31米，宽1.45米，厚0.3米。碑身正面镌"喻饶秦三烈士纪念碑"，直行，每行3字，篆书，字径0.2米。碑身背面镌碑文26行，行书，字径0.03米，主要叙述烈士革命事迹。落款为"中国国民党中央执行委员会立 中华民国三十三年三月二十九日"。碑座为须弥座，高2.2米，宽2.74米，厚均1.77米，四面的上下两边饰缠枝图案，中部饰莲纹图案，皆浅浮雕。碑台为素面，高0.55米，宽6.65米，前辅台梯4级步。该碑建筑面积19.4平方米，占地面积130.8平方米。1911年4月27日，中国同盟会在广州发动武装起义，革命党人与清军奋战，因伤亡过巨而失败。此役死难七十二位烈士，葬于广州城东黄花岗，史称"黄花岗七十二烈士"。其中有三位为四川籍，为喻培伦、饶国梁、秦炳。1941年，国民党第五届中央执行委员会第八次会议决定在重庆为献身辛亥革命的四川籍烈士建立纪念碑，包括喻培伦、饶国梁、秦炳、邹容及张培爵。1943年2月，国民党市党部、市政府组织市参议会、市工务局、市财政局等部门组成"筹建四川革命先烈纪念碑委员会"，筹划建设喻、饶、秦三烈士纪念碑，邹容烈士纪念碑和张培爵烈士纪念碑。同年3月29日，在中央公园（今重庆人民公园）召开革命先烈纪念大会并举行了纪念碑奠基典礼。因抗战等因素，直到1944年5月才正式开工，1946年2月7日正式建成。"文革"期间，该碑正、背面碑文均被三合土所覆盖。1986年年底，重庆市文化局拨款对该碑进行了维修。2011年辛亥革命100周年时，重庆市渝中区文管所对其进行了维修。

该碑于2000年由重庆市人民政府公布为重庆市文物保护单位。

四川革命先烈纪念碑

跳伞塔

位于渝中区大田湾体育场内，钢筋混凝土结构，圆锥形，通高38米，实际跳距28米，地面至钢臂处35米，底部直径3.35米，顶部直径1.52米，下部周长13米。建筑面积5.89平方米，保护范围面积2826平方米。三个跳伞支架互为120°。塔身内有螺旋楼梯，并装有各种专用机械以及夜航灯和避雷针等安全设备。

抗战爆发后，为应对日机轰炸，建设中国空防，国民政府在"空防为国防建设之首要工作，滑翔运动及跳伞技术之普遍化，当为空防建设之初步"的思想指导下，由"中国滑翔总会"主持，基泰工程司设计师杨廷宝等设计，重庆六合工程公司施工，在重庆两路口修建专门训练国民跳伞技术的"跳伞塔"。1941年10月动工，1942年3月完成，同年4月4日举行落成典礼。为庆祝跳伞塔建成，塔下立石碑，镌刻陈立夫《陪都跳伞塔记》。该碑高117厘米，宽57厘米，厚13厘米，竖行，楷书，阴刻。"文革"期间，该碑被人挖出，被附近居民抬回做搓衣板，现藏于重庆中国三峡博物馆。

该址于2009年由重庆市人民政府公布为重庆市文物保护单位。

跳伞塔

菩提金刚塔

位于渝中区观音岩金刚塔巷，1930年始建，1931年2月落成，耗资4万元，塔坐西向东偏北20°，为石质结构实心佛塔。建筑面积72.25平方米，占地面积268平方米，通高26.73米，直径11.28米，周长8.5米。

该塔形制仿藏传佛塔，塔基为圆形，沿塔基而上，分为三层。第一层为正方形，边长为9.33米，四角擎以圆形石柱，分别镌"尊胜庄严""大清静幢""成就菩提""犹如金刚"十六个汉字。柱上端云雷纹，塔身四面刻有汉、藏两种文字的《阿弥陀佛经》《往生咒》等经文及碑记。第二层为正方形，边长8.96米，塔身正面上镌"菩提金刚塔"五个横排隶书大字，其余三面均刻佛教真言咒语。第三层为正方形，边长为7.86米，其正面凿有一佛龛，供奉着铜铸白度母像及藏文佛经，佛龛用玻璃封闭。三层以上为塔顶，塔顶为垂云式花轮，嵌以五彩碎瓷，顶端为金刚杵。塔中、上层之间，层层挂金刚铃108个。塔身内藏舍利、佛像、藏文佛典等，内壁彩绘有文殊、观音像。1930年，市长潘文华为扩建新市区，决定开辟一条通远门以外的公路（由七星岗到上清寺）。因修建公路需进行大规模迁坟，为超度亡魂，安稳民心，潘文华与其二弟潘昌猷等倡导捐建菩提金刚塔。经费采用募捐方式，从奠基到落成，均由西藏喇嘛具体指导。建成后，邀请西藏诺那活佛呼图克图来渝主持开光仪式。

该址于2000年由重庆市人民政府公布为重庆市文物保护单位。

菩提金刚塔

国民政府经济部旧址

位于渝中区新华路47号，建成于1936年，坐东向西。高8层，建筑面积10200平方米，占地面积1400平方米。采用现代主义建筑设计手法，全钢筋混凝土结构，砖砌隔墙。分为营业厅、办公室、起居室等九个部分，围成小庭院。原为川盐银行办公大楼。抗战期间，国民政府经济部迁重庆后，1938年7月31日，借用川盐银行该大楼作为办公地点。1938年1月，国民政府在实业部基础上改组扩大为经济部，部长翁文灏，主管全国经济行政事务，隶属于行政院。抗战胜利后，经济部随国民政府迁回南京。

国民政府经济部旧址

1949年后，该楼收归国有，1959年改作重庆饭店。在重庆饭店使用期间，原室内构造和装修发生改变。

该址于2009年由重庆市人民政府公布为重庆市文物保护单位。

中国国民党中央执行委员会旧址（张骧公馆）

位于渝中区人民路258号，建于20世纪30年代，为一楼一底中西合璧仿哥特式砖木结构建筑。坐北朝南偏西15°，面阔7.9米，进深10.8米，通高7.5米，占地面积180.05平方米，建筑面积361平方米。

中国国民党中央执行委员会是由国民党全国代表大会选举产生的最高党务机关。

1937年12月7日，国民党中央党部在范庄举行迁渝后的首次执监联席会议，并开始在渝办公。之后，随着内迁工作人员增多，国民党中央党部和执行委员会借用张群之弟、重庆电报局局长张骧的公馆及其电报局来作为工作场地。抗战时期，朱家骅、吴铁城任国民党中央党部秘书长时就在此办公。抗战胜利后，该处仍为张骧住所。

中国国民党中央执行委员会旧址（张骧公馆）

1949年后，该处为重庆市电话局使用。20世纪50年代在原址修建重庆市电话局机电房与营业厅。上清寺电信营业厅为原国民党中央党部办公楼所在地，机电房为原国民党中央执行委员会办公楼所在地。

该址于2003年由渝中区人民政府公布为渝中区文物保护单位，2009年由重庆市人民政府公布为重庆市文物保护单位。

药材公会旧址

位于渝中区羊子坝15号,建于1926年,为二楼一底中西结合的砖木结构建筑。坐北朝南偏西30°,面阔16.8米,进深25.57米,高18米,建筑面积1008平方米,占地面积1344平方米。建筑外观以浮雕工艺为主,门窗、立柱饰有花鸟走兽浮雕并灰塑吉祥杂宝,拱形西式门窗。

重庆药材业始于明末清初,因长江、嘉陵江水运之便,重庆逐渐成为西南地区药材的出口地及中转地。清末至民国时期,储奇门一带为重庆山货药材集散地,药材行帮众多,到1911年前后,药材业成为重庆市场较大行业之一。1926年6月,重庆药材同业公会在储奇门成立,并兴建药材公会会所。到1930年,已有药栈79家,山土药材字号53家,外省运销商(包括湖北、广东、陕西、浙江、江西、河南等省)90家,广药铺34家及手工作坊等数十家。该旧址是此时期重庆药材业兴盛的见证。

药材公会旧址

2012年,旧址内的居民陆续搬迁,对旧址进行保护、修缮。

该址于2002年被公布为渝中区文物保护单位,2009年由重庆市人民政府公布为重庆市文物保护单位。

重庆谈判旧址——李宗仁公馆旧址

位于渝中区中山四路 36 号市委大院内,建于 20 世纪二三十年代。坐南朝北,为西式砖木结构建筑。主楼为二楼一底,两侧为一楼一底。通高 11 米,面阔 35.2 米,进深 24 米。建筑保持原磨缝青砖的形制和悬窗。

该旧址目前由中共重庆市农工委作为办公场所使用。2000 年由重庆市人民政府公布为重庆市文物保护单位,包含于重庆市文物保护单位重庆谈判旧址内。

李宗仁公馆旧址

李宗仁官邸

位于渝中区枇杷山正街 93 号,建于 20 世纪二三十年代,为二楼一底仿哥特式砖木结构建筑。坐西向东偏南 15°,面阔 17 米,进深 16.3 米,通高 15 米,建筑面积 886.65 平方米,占地面积 295.55 平方米。青砖外墙,底层外墙及基础为石作。

李宗仁(1891—1969),字德邻。广西桂林临桂人。曾任中华民国首任副总统、代总统。1965 年 7 月偕夫人郭德洁回北京。

李宗仁官邸

该旧址目前由重庆文华置业有限公司作为办公场所使用。2009 年由重庆市人民政府公布为重庆市文物保护单位。

室内装饰较少。3号楼占地面积141.8平方米,建筑面积288平方米;2号楼占地面积152.6平方米,建筑面积153平方米。两楼屋顶均为小青瓦屋面,青砖外墙,条石基础,木质楼板、梯道及走廊。其中2号楼部分外墙砖上有五角星图案,首层底部设有通风口。

《大公报》于1902年创办于天津。1936年4月创办上海版,在津沪两地同时发行,行销全国。抗战爆发后,津沪两版随天津、上海失陷而被迫停刊。《大公报》于颠沛流离中,先后创办过汉口、重庆、香港、桂林等版,最后仅剩重庆版一家,直到抗战胜利后复刊。

1938年8月《大公报》辗转来重庆,12月1日发行渝版,发表一系列呼吁抗战的文章。其馆舍虽三次被日机轰炸,但仍坚持在防空洞里出报,日发行量最多时达91500余份,晚报发行量最多时达32000余份,创造了当时重庆报业的发行纪录。1945年9月,毛泽东赴重庆谈判时,接受《大公报》报社宴请,商讨时局,与王芸生等人在报社季鸾堂内用餐。毛泽东在此为《大公报》亲笔题写了"为人民服务"五个大字。

1949年后,该楼由重庆人民出版社管理使用。2012年,纳入李子坝传统风貌区建设中,原址保护修复。该址于2009年由重庆市人民政府公布为重庆市文物保护单位。

《新华日报》总馆旧址

位于重庆市渝中区化龙桥虎头岩村62号,建于1939年,占地7930平方米。建筑面积1054.54平方米,由5栋建筑组成,1、2号建筑为穿斗结构,3、4、5号楼为砖木结构,1、2、5号为一楼一底,3、4号为平房。1、2号楼之间有一座由砖砌两柱、中间有横梁的大门,5号建筑西南山体下有一防空洞。

1939年夏,《新华日报》设在重庆市内西三街和苍坪街的馆舍被日机炸毁,报社总经理熊瑾玎通过关系,将报社迁至虎头岩下。《新华日报》由周恩来、董必武等南方局领导人直接领导,具体负责人先后有潘梓年、华岗、吴克坚、章汉夫和夏衍等人。1946年5月以后,改为中共四川省机关报,负责人为傅钟、张友渔、熊复等人。1947年2月,被国民党当局勒令停刊。

《新华日报》总馆旧址

中华人民共和国成立后,此处为重庆铸机厂职工宿舍,2006年5月完成住户搬迁,移交原红岩革命纪念馆,2008年4月完成文物修缮工程,并陈列布展对公众开放。

《新华日报》总馆是抗日战争时期和解放战争初期中国共产党在国民党统治区唯一公开出版发行的大型政治机关报的总部及印刷厂所在地,是中国共产党抗日民族统一战线和第二次国共合作的重要历史见证。

该址于2000年由重庆市人民政府公布为重庆市文物保护单位。

重庆大韩民国临时政府旧址

位于渝中区七星岗莲花池38号,建于20世纪30年代,为四合院布局,中西合璧式砖木结构建筑,是抗日战争时期大韩民国临时政府在重庆的办公地点之一。共有5幢楼,总计房间38间,占地面积1300平方米,总建筑面积1700平方米。

第一幢楼开间17.36米,进深7.5米,高9.7米,建筑面积284.01平方米,一楼一底共2层。现在用作大韩民国临时政府光复军抗战历史陈列室。

第二幢楼开间20.93米,进深9.82米,高10.24米,建筑面积303.69平方米,两楼一底共3层。现在用作大韩民国临时政府光复军抗战历史陈列室。

第三幢楼开间13.87米,进深10.11米,高14.25米,建筑面积334.78平方米,两楼一底一阁楼共4层。现在用作大韩民国临时政府光复军抗战历史复原陈列室。

重庆大韩民国临时政府旧址

第四幢楼开间11.39米,进深4.26米,高8.75米,建筑面积96.88平方米,一楼一底共2层。现在用作大韩民国临时政府光复军抗战历史复原陈列室。

第五幢楼开间16.53米,进深11.4米,高16.13米,建筑面积390.69平方米,三楼一底共4层。目前,其中第一层为储藏室,第二层用作大韩民国临时政府光复军抗战历史复原陈列室,第三、四层用作大韩民国临时政府旧址陈列馆办公室。1995年至2012年,旧址进行过两次大修。

该址于2000年由重庆市人民政府公布为重庆市文物保护单位。

胡子昂旧居

位于渝中区解放东路太华楼一巷6号,建于20世纪二三十年代,坐西向东偏北20°,为二楼一底砖木结构四合院建筑。面阔13.4米,进深10.2米,清水外墙,条石墙基,整体成凹字形,建筑面积366.3平方米,占地面积136.68平方米。朝门用青砖砌成,进门后有一院坝。

胡子昂(1897—1991),重庆市人,历任南昌江西农学院技师兼总务长、巴县中学校长、重庆市教育局局长等职。1949年后,曾任西南军政委员会委员、西南财经委员会委员、重庆市副市长、民主建国会中央副主席、全国工商联主席、第五至六届全国政协副主席、第二至五届全国人大常委会委员等职。

该址于2009年由重庆市人民政府公布为重庆市文物保护单位。

胡子昂旧居

邹容烈士纪念碑

位于渝中区南区路南区公园内,建于1946年,为八角形塔式石碑。碑坐北朝南,面朝长江,通高5.53米。碑基为两层八角形平台,底层高约0.17米,上座为八角形碑身,高约1米,每面宽0.83米,八面均为章太炎撰写的悼邹容铭文,主要叙述烈士生平。落款:"重庆市市长张笃伦敬立　中华民国三十五年五月。"碑身上覆八角形椎体碑柱,高约4.36米。上部间隔在四面镌刻有"邹容烈士纪念碑"七个描金大字,阳刻,隶书。

邹容(1885—1905),四川巴县人,近代著名资产阶级民主革命家。1902年自费留学日本,1903年回上海与章太炎等人从事革命宣传活动,写成《革命军》一书,由章太炎作序。《革命军》深刻揭露了清政府的封建专制,是中国近代史上第一部系统地宣传革命,主张建立资产阶级民主共和国的著作。1903年6月清政府逮捕章太炎,7月邹容自投巡捕房与章太炎共患难,于1905年4月病逝于狱中。

1941年，国民党第五届中央执行委员会第八次会议决定为邹容建立纪念碑。1943年2月，国民党市党部、市政府组织市参议会、市工务局、市财政局等部门组成"筹建四川革命先烈纪念碑委员会"，开始筹划。该碑由汉鸿顺营造厂承建，1946年1月26日动工，同年6月29日落成。

"文革"时期，该碑曾遭到破坏。1981年，为纪念辛亥革命70周年，重庆市文化局对该碑进行修缮。

邹容烈士纪念碑

该碑于2000年由重庆市人民政府公布为重庆市文物保护单位。

张培爵烈士纪念碑

位于渝中区沧白路中段北侧人行道旁，1944年5月23日动工，1945年12月6日落成，坐北朝南，呈长方体，青峡石砌筑而成。碑通高8.15米，宽1.85米，厚0.4米。碑正面及背面均镌"张烈士培爵纪念碑"八个隶书大字，字径0.38米，碑座后部呈八字形，背部顶上正中饰有蓝底白星的国民党党徽。

张培爵（1876—1915），四川荣昌人，1906年加入中国同盟会。1911年10月10日武昌起义爆发后，组织重庆起义，建立"蜀军政府"，1911年12月22日被推选为重庆蜀军政府都督，1915年被北洋政府杀害。1935年，国民政府对其举行公葬。1941年，国民党第五届中央执行委员会第八次会议决定在重庆为献身辛亥革命的张培爵烈士建立纪念碑。

张培爵烈士纪念碑

20世纪50年代后，该碑曾遭受破坏。1982年、2000年、2011年，重庆市人民政府对纪念碑主体进行过三次修复，并重新竖立碑记。

该碑于2000年由重庆市人民政府公布为重庆市文物保护单位。

中法学校旧址

　　位于渝中区人民路117号，建于1925年，坐西向东，建筑轴线东偏南26°，为一楼一底近现代风格砖木结构建筑，原名懋园，是大革命时期中法大学四川分校的重要遗址，同时也是中共早期重庆地方党组织在重庆创办的三所学校（重庆公学、中法学校、重庆高中）之一。平面呈矩形，基础为条石，外墙为淡黄色调，屋顶为单檐歇山式，素面小青瓦，屋架为人字形木屋架，木构架上置檩、椽和瓦件，室内为木质结构及夹壁墙。通高10.7米，占地面积260平方米，建筑面积248平方米。

　　1925年9月14日，吴玉章、杨闇公等人在重庆大溪沟创办中法学校。吴玉章任校长，童庸生任教务主任，杨伯恺任训育主任，并聘请杨闇公、冉钧、周贡植等人担任兼职教员。主要课程有时事政治、社会发展史、共产主义ABC、经济学、史地、心理学、英语、法语等。杨闇公、吴玉章以国民党左派名义为掩护，把中法学校作为中共党员和团员聚会、议事的场所，中法学校成为重庆传播马列主义和培养革命骨干的重要场所。杨尚昆、阳翰笙、任白戈等人均曾在此学习过。1927年3月"三三一"惨案后，中法学校被反动势力破坏。

中法学校旧址

　　1949年后，该旧址收归国有，交给市公用局公交公司使用，后作为大溪沟派出所办公用房，后又交给渝中区房管局使用。

　　该址于2009年由重庆市人民政府公布为重庆市文物保护单位。

中共重庆地方执行委员会旧址

位于渝中区二府衙 19 号（原 70 号），建于 20 世纪 20 年代初，坐西向东偏北 30°，主体共两层，局部加上阁楼有三层，为一栋中西式砖木结构建筑。整个建筑为坡屋顶，小青瓦铺面，大门为石质，有券拱和柱子，掺杂西式建筑元素。房屋通高 11.55 米，面阔 17.4 米，进深 19.5 米，建筑面积约 310 平方米。原为杨闇公在重庆城区住宅。

1926 年 1 月，中共中央根据四川党、团组织的多次要求，正式批准在中国共产主义青年团重庆地委的基础上，在重庆建立四川统一的党组织"中国共产党重庆地方执行委员会"。2 月，杨闇公、童庸生奉中共中央指示，与中共重庆支部书记冉钧着手组建中共重庆地方执行委员会，会议在城区二府衙街 70 号杨闇公家中召开，成立中共重庆地方执行委员会（简称中共重庆地委，即四川省委前身），由中共中央领导。杨闇公任中共重庆地委书记，冉钧为组织部部长，吴玉章为宣传部部长，三人均为地委执行委员。1926 年 11 月成立军事委员会，杨闇公兼任书记，朱德、刘伯承担任委员。年底，中共重庆地委配合北伐，领导和指挥了"泸（州）、顺（庆）起义"。

中共重庆地方执行委员会旧址

中共重庆地委成立后，中共中央陆续将四川新建立的党组织划归重庆地委领导，1927 年"三三一"惨案发生后，杨闇公、冉钧等许多中共党员和国民党左派人士遇害，重庆党组织遭到严重破坏。

该址于 2009 年由重庆市人民政府公布为重庆市文物保护单位。

打抢坝水厂纪念塔

位于渝中区金汤街 81 号渝中区自来水厂内净水池南侧，1931 年建成，坐北朝南，建筑面积 120 平方米，占地面积 50 平方米。整体建筑材料以砖石为主，塔身表体由水泥砂浆以及水磨石组成，总高 28 米。该塔大体分为三层，并由下至上层层收分，分台基、塔座、塔身、塔尖四个部分。台基高 0.6 米，直径11米，台基上有18根直径0.4米的石柱围合成圆形柱廊。石柱高3.8米，柱廊内宽1.5米。塔座用条石砌筑，直径7米，高4米，塔座开有一小门，从此门可上塔顶。塔身方形，内圆筒体，直径约5米，四面开有长方窗，上部四面圆形通窗，为装时钟的空间。塔尖亭形，高约6米，有8组石柱，两根一组，共16根，柱上托有盔形塔顶，顶部设有避雷针以及后期的航标灯。该塔是自来水厂水塔及标志性建筑。

1926年，潘文华任重庆商埠督办公署督办后，为解决城市居民生活依靠井水和下河取水的不便，决定兴建自来水厂。1929年重庆市政府成立，市长潘文华任命税西恒任总工程师，负责水厂建筑设计及自来水公司建设工作。1932年2月1日，重庆第一自来水公司成立，结束了重庆无自来水的历史。21世纪初，水塔功能逐步弱化，成为重庆建市时期自来水设施的纪念塔。

1980年税西恒去世后，骨灰安葬在纪念塔旁，立有墓碑。碑文："税西恒同志为四川的经济建设和科学教育事业，为民族的进步事业，为巩固和发展爱国统一战线，贡献了毕生的精力，永远值得我们缅怀和崇敬。"

该塔现由重庆市自来水有限公司渝中区水厂管理，于2009年由重庆市人民政府公布为重庆市文物保护单位。

打枪坝水厂纪念塔

大溪沟发电厂专家招待所旧址

位于渝中区大溪沟街13－10、43－11、13－14、13－18、13－23号，1956年建成的专家招待所，20世纪50年代中期，主要用作苏联援华专家宿舍楼。

该处共五幢砖木结构小楼，坐北朝南依次纵向排列，每幢建筑面积893平方米，总建筑面积4465平方米。这些建筑均按照统一的样式建造。两楼一底，屋基用条石垒砌而成，小青砖为定制，每块砖上均有五角星标志。屋顶为木屋架，上铺板瓦。室内木楼梯，走道、房间铺木地板。20世纪90年代，对五幢楼进行了改建。

20世纪50年代初中期，苏联派遣大批工业技术专家来华工作。重庆大溪沟火力发电厂就是苏联派遣专家到重庆指导建设项目之一。

该址目前由重庆电力公司城区供电分公司管理，作为职工宿舍。2009年由重庆市人民政府公布为重庆市文物保护单位。

大溪沟发电厂专家招待所旧址

重庆市劳动人民文化宫大门

位于渝中区中山二路174号,建于1952年,门坐北朝南偏西10°,弧形布局,高13米,宽51米。中部立四根圆柱,五进大门,上部以弧形平顶连接,弧顶长30米。大门两侧有方形塔楼,宽4.5米。塔楼内有楼梯高7.43米,连通上下。圆柱表体抹灰,部分欧式脚线。该门为钢筋混凝土结构,占地面积约307平方米。大门上有邓小平题写"重庆市劳动人民文化宫"十个大字。

中华人民共和国成立初期,根据邓小平指示,重庆市委、市政府于1951年开始建设重庆市劳动人民文化宫。1952年5月1日,邓小平视察文化宫施工现场时,时任重庆市市长曹荻秋请邓小平为文化宫题字。2002年,重庆市劳动人民文化宫将该题字的原件移交重庆市博物馆保存。

该址于2009年由重庆市人民政府公布为重庆市文物保护单位。

重庆市劳动人民文化宫大门

江全泰号

位于渝中区白象街142号，建于清道光年间，坐西北朝东南，砖木结构中西合璧风格，为重庆开埠时期商号旧址。面阔15.2米，进深约9米，建筑面积590平方米。房高四层，沿中轴对称，外墙主要为青砖砌筑。正立面每层开有4个大窗，内部木质门窗及雕花窗格、木楼辐、木楼板及木楼梯基本完好。每层有砖砌花式线脚，窗框用3线砖砌成弧形窗拱，二至四层窗台做有砖砌倒锥形装饰线脚，屋顶有砖砌火焰状尖拱，两座砖砌尖拱之间有一宽大露台。

19世纪70年代以来，英国人逐渐打通川江航道，迫使重庆开埠，进而以重庆为据点，控制四川及西南市场。江全泰号为重庆典型商号，因紧邻重庆海关和报关行，开埠后曾一度作为西方列强商号和办事处等。20世纪20年代，此房为"江全泰"号口所有，1927年7月转卖给"宏裕"号口。

1932年7月宏裕号倒闭后，由私人购得。20世纪30年代美商大来公司曾在此设立办事处。抗战期间，此处为商号和旅馆。

江全泰号（修缮前）

1952年，江全泰号房屋卖给洪发利机器厂。1953年2月，由西南机械管理局接受，1954年，房屋产权变更为第一机械工业部西南办事处，1963年变更为西南一机站，后作为居民住宅使用。2012年，居民陆续搬迁，对旧址进行保护、修缮。该址于2009年由重庆市人民政府公布为重庆市文物保护单位。

重庆海关监督公署旧址

位于渝中区解放东路263号，建于19世纪末，坐西向东偏南30°，为四栋建筑组合而成的宅院，为清末重庆海关监督公署署址。四栋建筑屋顶形式各不相同，分别为悬山顶、歇山顶、庑殿顶和四角攒尖顶，建筑形式主要为中式风格，兼具西式建筑元素。总进深约18米，面阔约32米，建筑面积约1278平方米，占地面积约576平方米。大门八字开，欧式立面，门牌、线脚为欧式风格，顶层中部有圆形中国传统吉祥装饰，内部有少量传统木结构装饰。有内天井，条石基础及地面，青砖外墙，内部为木结构梁架、木楼板、砖内墙及夹壁墙，底层开间水磨石地面，围墙外底部有通风掩口。

清光绪十六年（1890年）3月31日，中英《烟台续增专约》签订，重庆开埠。1891年3月1日，重庆海关成立，英籍海关总税务司赫德推选英国人霍伯森任重庆海关税务司。海关设海关监督公署，首任海关监督由川东道台张华奎担任。重庆海关监督公署初设于朝天门内粮帮公所，光绪三十一年（1905年）迁于太平门顺城街。重庆海关成立后，其行政管理和关税征收大权实际上掌握在税务司霍伯森手中。

重庆海关监督公署旧址

1949年后，该址为居民住房使用。2012年，旧址内的居民陆续搬迁，对旧址进行保护、修缮。

该址于2009年由重庆市人民政府公布为重庆市文物保护单位。

李耀庭公馆

位于渝中区邮政局巷40号，建于清末，坐北朝南，为两幢三楼一底砖木结构建筑。一号楼面阔11.85米，进深12.5米。二号楼面阔10.68米，进深9.63米。建筑面积约1003.88平方米，占地面积250.97平方米。基础为条石砌筑，青砖外墙，小青瓦屋面，整体建筑形态似船形，为中西合璧风格建筑。

李耀庭（1836—1912），名正荣，云南恩安（今昭通）人，为清末著名金融家，清末重庆商会首届会长。

李耀庭公馆

该址于2009年由重庆市人民政府公布为重庆市文物保护单位。

中共重庆市委枇杷山办公楼旧址

位于渝中区枇杷山正街72号，建于1951年，由国营重庆建筑公司设计修建，用作中共重庆市委办公大楼。砖混结构，歇山顶，苏式扣榫板瓦铺做屋顶，米黄色墙面，无花饰矩形窗户。柱网式基础布局，主体坐北朝南，共三层。

该建筑平面以横向长方形为横轴，前后两侧各延伸出一个矩形。正立面以四层塔楼门厅和偏右布置的门廊、台阶等组成建筑立面，外观融入西式建筑风格。采用独立柱及条石混合基础，600厘米×600厘米砖柱，黏土砖及混合砂浆砌筑外墙承重。主屋架木制，高5.7米，净跨12米，下弦采用木板包夹、螺栓固定。木檩条、木楼板、顶层吊顶天棚。原来部分隔断墙在被重庆市博物馆用作陈列大楼期间，为方便布展，被打通或打掉后用木板墙隔断。底层地面使用水磨石，拼接成菱形纹、回格纹、云雷纹等多种图案。该建筑占地总面积约4851平方米，大楼总建筑面积5389.3平方米（除梯步），其中主楼建筑面积3760.8平方米，前楼建筑面积668.5平方米，后楼建筑面积960平方米。前楼在主楼正门西侧向南延伸，后楼位于主楼东侧向北延伸。另在大楼前后设有4个花园及1个消防池，占地面积约2964平方米。主楼、前后楼楼层之间交错相接，其中主楼高17.55米，前后楼高16.3米。

中共重庆市委迁走后，1955年4月由重庆市博物馆作为展厅使用。该址目前由重庆市文化遗产研究院作为办公用房，2009年由重庆市人民政府公布为重庆市文物保护单位。

中共重庆市委枇杷山办公楼旧址

嘉陵江大桥

位于渝中区牛角沱和江北区华新街之间，为连接重庆市渝中区与江北区的主要公路桥梁之一，是重庆城区"公路第一桥"。因其地理位置，全称为重庆牛角沱嘉陵江大桥。该桥为公路桥，全长

626米，正桥5孔，为五跨（68米+80米+88米+80米+68米）连续钢桁梁桥，南岸引桥为1孔22米简支梁，北岸引桥为7孔约23米简支梁。桥面宽21.5米，其中车行道14米，两侧人行道各3.75米。桥型结构主桥为铆合钢桁架双悬臂桥，引桥为钢筋混凝土"T"形梁，桥身材料三分之二为钢材，三分之一为钢筋混凝土。

该桥始建于1958年11月，因三年困难时期等原因影响，工期几度延长，历经8年，于1966年1月20日竣工通车。1964年邓小平曾在重庆市委书记任白戈陪同下，视察了桥梁建设。整个工程耗资1400多万元。

该桥从建成至今常年进行日常检修，是重庆市市政道路主要桥梁之一。

该桥于2009年由重庆市人民政府公布为重庆市文物保护单位。

嘉陵江大桥

嘉陵江索道

位于渝中区沧白路63号（南站）及江北区金沙街（北站）之间，横跨嘉陵江，为我国自行研制、架设的第一条用于城市公共交通的大型跨江客运索道。于1980年12月15日动工，1982年1月1日完成，总投资378万元。全长740米，采用单跨双载往复式，设车厢2辆，每辆定额45人，时速为2.5～8米/秒，日均运客9700人次，单日客流量最大曾达到25400人次。索道建成后，市中区和江北区之间的交通压力大为减轻。后因建设千厮门大桥，缆索已被拆除，尚余站台。

该址于2009年由重庆市人民政府公布为重庆市文物保护单位。

嘉陵江索道

长江索道

位于渝中区新华路151号和南岸区上新街龙门路之间，横跨长江，始建于1986年3月20日，1987年10月24日竣工投入运行，是继我国第一条跨江客运索道——嘉陵江索道建成后又一条我国自行设计制造的大型跨江客运索道。全长1166米，采用双承载双牵引双线往复式，设车厢2辆，每辆额定载客80人，时速6米/秒，运行时间为4分钟，日运客1.05万人次。该索道备有双驱动、双电源以及各种检测制动装置，设有抗5～6级风力防摆装置，雾天、雷雨及7级风力以下均能安全运行。

该索道有"万里长江第一条空中走廊"之称，是重庆的代表性建筑之一。

目前长江索道由重庆市索道客运公司管理使用，作为交通设施及旅游景点，正常运营开放，并于2009年由重庆市人民政府公布为重庆市文物保护单位。

长江索道

大田湾体育设施群

大田湾体育场 　　　　　　　　　　贺龙雕像

近现代重要史迹及代表性建筑 · 95

> 1949年中华人民共和国成立后，体育运动成为国家社会事业的重要组成部分之一，受到重视。在贺龙的主持下，从1951年起至1956年，先后在大田湾修建完成了包括办公楼、体育场、体育馆等在内的多项体育设施。1991年为纪念贺龙95周年诞辰，在办公楼与体育馆之间的广场上安放了贺龙塑像。
> 2009年，大田湾体育设施被公布为重庆市文物保护单位，含贺龙塑像、市体育馆、市体育局办公楼、大田湾体育场。

——重庆市体育馆

位于渝中区大田湾体育路，1953年由西南工业建筑设计院设计，由西南第一建筑公司施工建设，于1953年10月10日动工，1955年5月21日竣工。坐北朝南偏西10°，占地面积1.8万平方米，建筑面积6613平方米。主体建筑3层，对称式布局，屋顶为拱顶立面，屋檐采用装饰性的坡檐及斗拱。建筑为砖混结构，部分柱、厅为钢筋混凝土结构。室内比赛场馆屋盖系钢结构网状屋架，跨度36.5米，屋面盖石棉瓦。馆内比赛场地长37米，宽21米，采用楠木嵌花地板，观众座位4425个。馆外采用条石阶梯、人造大理石墙面、白色大理石栏杆、牌楼彩画等装饰。

重庆市体育馆

该馆目前由重庆大田湾全民健身中心管理，用以承接体育比赛及群众健身活动。2009年由重庆市人民政府公布为重庆市文物保护单位。

——重庆市体育局办公楼

位于渝中区大田湾体育路，建成于1955年，为二楼一底建筑。该建筑占地面积约1.2万平方米，建筑面积4700平方米。坐南朝北偏东10°，建筑沿中轴对称，中部突出。屋顶两翼为双重庆大田湾体育设施群（包括体育场、体育馆、办公楼等），位于

重庆市体育局办公楼

渝中区大田湾，1951年在贺龙的主持下辟建，1956年竣工，占地约1.2万平方米，是作为重庆市体育比赛及训练的重要场所。坡重檐，中部为歇山顶。屋顶采用混凝土斗拱和仿木歇山顶，屋檐采用混凝土斗拱和仿木斜撑装饰，与北面体育馆相呼应。墙体混凝土结构，局部建筑构件为混凝土现浇。建成后，主要作为重庆市体育局办公、会议室使用。2009年由重庆市人民政府公布为重庆市文物保护单位。

重庆大轰炸遗址群

> "重庆大轰炸遗址群"位于中国重庆市渝中区磁器街，1987年7月6日，为纪念"七、七"事变50周年，"日本侵略者轰炸重庆纪事碑"落成仪式在此举行，后将该处列为重庆市文物保护单位。

——重庆市消防人员殉职纪念碑

位于渝中区新华路人民公园内，修建于1947年，坐西向东，为碑体石砌建筑。碑身宽1.89米，高6.7米，厚1.22米，碑座宽3.4米，高0.64米，厚2.46米。总建筑面积2.09平方米，占地面积12.76平方米。

1947年8月19日"重庆市各界建碑委员会"为纪念在重庆轰炸期间英勇殉职的81名消防人员，决定修建此碑。

1938年2月18日至1943年8月，日机共出动飞机9500多架次，投弹21500多枚，炸死重庆市民11800多人，炸伤14100多人，炸毁房屋17600余幢，近半市区化为灰烬。当时重庆的消防设备十分简陋，仅有六七辆消防车，消防工作主要依靠人力。市区有8000余人的消防队伍，其中多为义务人员。

重庆市消防人员殉职纪念碑是中国人民抗日战争和世界反法西斯战争一些重大历史事件的重要见证，不仅记录了日本侵华的残暴罪行，也见证了重庆市民团结一致、不屈不挠的抗争精神。

该碑于2009年由重庆市人民政府公布为重庆市文物保护单位。

重庆市消防人员殉职纪念碑

——"六五"隧道惨案遗址

位于渝中区磁器街人行道旁,坐西向东,是大隧道3个进出口之一,建筑面积45.08平方米,占地面积59.29平方米,分地上、地下两大部分。地下部分始建于1938年,由朝天门至通远门,临江门至南纪门,横贯老城区的南北东西,洞内高度为2米,宽2.5米,全长4千米,分7段,13处出口,容纳4万余人。

大隧道较场口段是在1937年年底,由重庆市防空司令部会同重庆市政府、成渝铁路工程局等单位勘探设计,1938年8月动工修建,年底部分完成的一项大型人防工程。1941年6月5日,该段隧道发生震惊中外的"六五"大隧道窒息惨案。事发后,国民政府曾责令防空司令部成立专门机构对隧道进行过大规模改进和完善,成为重庆市民躲避日机轰炸的主要防空掩体之一。1945年,大隧道由防空司令部移交给重庆市警察局管理使用。1949年后归重庆市人防办公室管理使用至今。

"六五"隧道惨案遗址

2000年3月,重庆市人防办公室出资40多万元修复磁器街洞口,隧道内基本保持原貌。地面大隧道遗址陈列室建于2000年,坐西向东,主体建筑由条石砌成,呈正方形厅室,内有反映大隧道惨案情景的部分老照片,室外四周均有反映大隧道惨案情景的浮雕。

该址于2000年由重庆市人民政府公布为市级文物保护单位,2009年"六五"隧道惨案遗址被并入当年公布的重庆市文物保护单位重庆大轰炸遗址群。

国民政府军事委员会旧址

国民政府军事委员会为国民政府最高军事统御机关,其发轫于护法战争时期,到1946年5月结束。抗战时期迁渝办公.

国民政府军事委员会礼堂旧址

位于渝中区解放西路66号《重庆日报》社内,建于20世纪二三十年代,坐北朝南,为一层砖木结构礼堂建筑。面阔18米,进深33.26米,正面一间通道突出,进深约为2.85米,两侧靠里第8根柱子处有2个楼梯通向屋中央上方的看台,屋内正中两边各有8个小间,正中为一大型讲台,通长14.63米,整个建筑面积为592.69平方米,占地面积634.39平方米。正立面采用传统的燕窝泥表体抹灰,其他立面为砖砌外墙,室内东、西、北三面墙边吊顶上部附有阁楼。

1938年武汉失守后,国民政府军事委员会迁重庆办公。抗战胜利后军事委员会于1946年5月撤销。该址于2009年由重庆市人民政府公布为重庆市文物保护单位。

国民政府军事委员会礼堂旧址

国民政府军事委员会重庆行营旧址

位于渝中区解放西路14号,建于20世纪二三十年代,坐东朝西偏北20°,为三幢两楼一底中西合璧的砖木结构建筑群,建筑面积2538平方米,占地面积806.41平方米。右侧为凹字形院落,左侧成日字形两进院落。外墙为小青砖勾缝,屋顶为歇山与悬山两种。楼内层高近5米,周围有封火墙。内设壁炉、砖柱台灯、地下室、哨台、雕花扇门等。房里藏逃生通道,从底楼石板下

国民政府军事委员会重庆行营旧址

直通数百米外长江边，兼有防空洞作用。

1935年11月1日，国民政府军事委员会委员长重庆行营成立，委员长由蒋介石担任，管辖包括川、滇、黔在内的整个西南地区，下设三厅、十处和三个委员会，由顾祝同任重庆行营主任，杨永泰为秘书长，贺国光为参谋长。川、康、滇、黔、藏所有西南各省军队，均受重庆行营节制。

1949年后，该旧址交重庆钢铁公司使用，现由复旦中学管理使用。

该址于2009年由重庆市人民政府公布为重庆市文物保护单位。

鹅岭抗战遗址群

> 鹅岭公园前身为清末重庆富商李耀庭的私宅园林，取名"礼园"。抗战时期，蒋介石夫妇在园中居住，丹麦、澳大利亚大使馆等曾设于此，公园内留下了众多抗战遗址。

苏军烈士墓

位于渝中区鹅岭正街176号鹅岭公园内，建于1959年，是为纪念在抗战期间牺牲的两名苏联空军烈士而修建的墓地。墓地三面石栏围护，正面有十级石梯。纪念碑在墓地正中，坐西向东，钢筋混凝土结构，宽2.15米，厚2.15米，通高9.75米，碑身高9米，外表为光滑的磨石。碑身最顶部正面是一块四面饰有云纹的石块，其下是苏联国徽浮雕。碑座为须弥座，高0.75米，宽3.22米，厚3.22米，正面用中俄两国文字镌刻"志愿参加抗日战争牺牲的苏联军官司托尔夫、卡特诺夫烈士之墓 1959年敬立"。墓碑面积10.43平方米，占地面积219.79平方米，保护范围面积1935平方米。

抗战期间，苏联作为同盟国对中国抗战进行援助与支持。1937年年底至1939年夏，苏联政府先后派出3365名军事顾问来华工作，并抽调空军志愿队数个大队（每次200～300人，前后合计2000余人次）及数百架飞机来

苏军烈士墓

华协助对日作战。在此期间,有 200 多名苏联志愿人员牺牲。1940 年至 1941 年,苏联志愿援华空军上校军官卡特诺夫和司托尔夫在重庆牺牲,被安葬在袁家岗。1951 年因拓宽两杨公路(两路口至杨家坪),将烈士墓迁至两杨公路与袁茄公路(袁家岗至茄子溪)交叉处。1956 年,袁茄公路兴工建设,将烈士墓迁至江北区杨家花园病故军人陵园内。中华人民共和国成立十周年之际,经中共重庆市委决定,进行苏军烈士墓的搬迁和修建工作。1959 年 9 月,将烈士遗骸迁葬于鹅岭公园内,由市民政局、城建局共同负责。

该烈士纪念碑目前由鹅岭公园负责管理。2009 年由重庆市人民政府公布为重庆市文物保护单位。

飞　阁

位于渝中区鹅岭正街 176 号鹅岭公园内,建于 1939 年,为一栋砖木结构仿古建筑。坐南朝北偏东 25°,面阔 16.8 米,进深 19 米,通高约 10 米,建筑面积 319.2 平方米。因该建筑中心为六角形阁,沿阁延出三馆,状若飞鸟,故名"飞阁"。

1939 年年初,国民政府军事委员会侍从室委托基泰工程公司,为蒋介石和宋美龄夫妇在鹅岭建造一栋别墅。1939 年夏天,蒋介石和宋美龄住进此别墅。为防日军空袭,飞阁之下建有防空洞。

1949 年至 1954 年,飞阁曾为西南军区司令部,刘伯承、宋任穷先后在此寓居。目前该址由鹅岭公园管理使用,2009 年由重庆市人民政府公布为重庆市文物保护单位。

飞　阁

——桐轩石室

位于渝中区岭正街 176 号鹅岭公园内，建成于 1911 年，为中西结合式石质建筑，是清末重庆富商李耀庭在其私家花园礼园（今鹅岭公园）内修建的一座石屋。

坐南向北偏东 10°，面阔 18.1 米，进深 8.7 米，通高 7 米，建筑面积 132.11 平方米，正室檐下石材上横列大斗 13 个，枋下横披为 3 扇镂雕几何纹漏窗。门框上部为半圆形，门高 2.75 米，宽 1.38 米。正房左右墙面上部，分存一半圆形莲花纹漏窗，其下篆字方窗有"桐轩"二字，字径 0.8 米许，窗下镂雕卷草纹槛板。正屋内顶呈纵联拱形，顶中部悬一残石。正壁上部横列三龛，中龛浮雕一雄狮。再下是三竖龛，中龛大于侧龛，高 1.8 米，宽 1.2 米，龛内浅浮雕《大清国地图》，风化较重。正壁下左右两侧，各开一门，通向侧屋。正屋内的左墙面浅浮雕"九大行星图"，圆形，径 1.55 米，太阳四周浅刻光芒纹，八星下方分刻楷体节气名"立春""春分""立夏""夏至""立秋""秋分""立冬""冬至"。正屋右墙面嵌刻《世界地图》一幅，圆形，径 1.55 米，同为浅浮雕工艺，上镌楷体"北冰洋""南冰洋""太平洋""印度洋""大西洋"及四大洲名"亚细亚""欧罗巴""阿非利加""大洋洲"。正屋地面立一石桌，长 2.3 米，宽 1.25 米，高 0.73 米，底为倒置大斗。两耳室外墙上枋分存大斗各 9 个，其下为透雕花窗等。左耳室墙面全为透雕花窗，分别刻荷花、篆体"博爱"等。右耳室墙面存几何纹、莲花纹、瓶花及篆体"互助""寿"字漏窗等。侧壁两侧各辟二门，一门通往外屋，一门通往房顶。通道由 26 级石梯组成，直达"桐轩"房顶平台。平台有各式花纹组成的石栏，石栏高约 0.7 米。

抗战时期国民政府迁都重庆，蒋介石夫妇入住礼园，此处成为蒋介石夫妇避暑及躲避空袭之处。1949 年后，礼园收归国有，辟为鹅岭公园，该址一并作为公园设施向游客开放，目前由鹅岭公园管理使用，2009 年由重庆市人民政府公布为重庆市文物保护单位。

——丹麦公使馆旧址

位于渝中区鹅岭正街176号鹅岭公园内,建于1938年10月,砖木结构平房建筑。坐东向西,面阔15米,进深9.3米,共有房屋3间,建筑面积143.22平方米。小青瓦屋面,人字木屋架,承重墙为青砖墙,建筑基础为条石。原有门窗和房间内部格局有部分改变。

首任丹麦公使欧斯浩德于1938年10月8日飞抵重庆。1940年6月14日,新任公使高霖抵重庆接替欧斯浩德。1941年8月21日,丹麦政府宣布承认南京汪精卫政权和伪满洲国政权,中国与之断交,丹麦公使馆关闭。1949年后,该旧址由鹅岭公园管理使用,2009年由重庆市人民政府公布为重庆市文物保护单位。

丹麦公使馆旧址

抗建堂旧址

位于渝中区观音岩上纯阳洞13号,建于1940年,1941年落成。该建筑坐北朝南,为中西结合式两层砖木结构楼房,有堂厢、楼厢和工作室,设860个座位,总占地面积1321平方米,剧场占地面积543.28平方米,建筑面积817.22平方米,为抗战时期重庆演出话剧的主要剧场之一。因"抗战必胜,建国必成"而取名抗建堂。

抗日战争时期,郭沫若兼任中国电影制片厂所属中国万岁剧团团长,决定新建一处话剧剧场,以解决当时重庆戏剧界名家荟萃而剧场奇缺的困难。1940年4月开始,导演史东山夫人华旦妮具

抗建堂旧址

体负责抗建堂修建工作,郭沫若请国民政府主席林森为该剧场题写"抗建堂"名称。落成之后,从1941年4月起到抗战胜利,《棠棣之花》《虎符》《风雪夜归人》《重庆屋檐下》《屈原》《蜕变》等剧目曾在此演出。

1950年,抗建堂由重庆市文工团接管,改名为"红旗剧场"。1986年,红旗剧场改名为"抗建堂俱乐部",剧场内部改为舞厅。20世纪90年代,因抗建堂所在地开发建设楼盘,抗建堂被拆除后重建于该楼盘屋顶。现为重庆市话剧团管理使用。

该址于1992年由重庆市人民政府公布为重庆市文物保护单位。

"三三一"惨案纪念地

位于渝中区金汤街鼓楼巷与通远门城墙交界处,为1927年重庆"三三一"惨案纪念地,主体包括纪念碑和铜质雕塑,1987年3月31日落成。纪念碑通高9.89米,基座高3.89米,红色花岗石砌造。雕塑是高6米的拳头造型,先是玻璃钢模型,后改为铜雕。

1927年3月24日,英美帝国主义军舰炮击南京,中国军民死伤2000余人。中共重庆地委决定3月31日在通远门打枪坝以"重庆工农商学兵反英大同盟"名义,举行"重庆各界反对英美炮击南京市民大会",抗议英美帝国主义的罪行。3月29日,刘湘召开秘密会议,决定利用这次大会镇压重庆的共产党力量和国民党左派。3月31日上午11时,大会正要宣布开始,预先化装混杂在群众中的刘湘二十一军所属三师王陵基部和七师蓝文彬部士兵,开始屠杀镇压与会人员,一直持续到下午2时左右,死者300余人,伤千余人。大会执行总主席、国民党左派人士漆南熏,国民党左派将领陈达三当场牺牲。惨案发生后,中共重庆地委书记杨闇公、重庆地委组织委员冉钧等被杀害。1987年"三三一"惨案60周年纪念日,在通远门城头落成"三三一"惨案纪念碑,时任国家军事委员会副主席杨尚昆、全国人大常委会副委员长廖汉生、四川省委书记杨汝岱、重庆市委书记廖伯康等为纪念碑落成剪彩。

该址于1992年由重庆市人民政府公布为重庆市文物保护单位。

"三三一"惨案纪念地

佛图关杨闇公烈士铜像

位于渝中区佛图关公园内，建于1987年。该铜像坐西向东偏南20°，基石宽2.6米，高1.5米，铜像通高3.31米，为杨闇公烈士全身铜像。铜像背靠山壁，右侧岩壁上镌刻有邓小平题写"杨闇公烈士永垂不朽"描金大字。

1927年3月31日，中共重庆地委和国民党左派省党部举行"重庆各界反对英美炮击南京市民大会"，遭到四川军阀血腥屠杀。杨闇公于4月4日去往武汉，在船上被逮捕，6日夜牺牲于佛图关。

1987年3月31日，杨尚昆、廖汉生、杨汝岱、廖伯康等出席杨闇公铜像揭幕仪式。该址目前由鹅岭公园管理处管理。

该铜像于1992年由重庆市人民政府公布为重庆市文物保护单位。

佛图关杨闇公烈士铜像

国民政府军政部兵工署旧址

位于渝中区中山二路枇杷山巷。抗战之初，兵工企业大多迁往武汉及湖南各地，兵工署迁驻武汉、长沙。随着战事发展，武汉等地危急，兵工署要求各企业继续内迁重庆，兵工署自身也开始筹备内迁重庆事宜，驻重庆办事处奉命为兵工署寻觅办公场所。1938年7月，办事处以法币55000元的价格购得观音

国民政府军政部兵工署旧址

岩勤居巷23号作为兵工署署址。1938年10月,武汉失守前后,兵工署基本迁渝,正式在此办公。因本部人员陆续增加,办公用房紧张,1940年4月在重庆市政府协助下,兵工署对大门外民房估价征收,征收房屋改建为办公用房。抗战胜利后兵工署机关迁回南京,兵工署四川区办事处于1946年4月设立,仍在勤居巷原址办公。解放战争末期,兵工署又回迁至此做短暂办公,直至重庆解放后被人民政府征收。

该址于2019年由重庆市人民政府公布为重庆市文物保护单位。

重庆长江大桥春夏秋冬雕塑

位于渝中区石板坡长江大桥桥头两侧,建于1984年,共4座大型铝制人物塑像,南北两侧桥头各两座。

该雕塑吸取我国传统飞天构图形式,运用人体动态,将春夏秋冬四季拟人化,为两男两女人物塑像,突破性地将人体艺术运用在城市雕塑的设计中,是国内第一次将人体艺术运用于户外城市公共空间雕塑作品。1984年9月26日,《春·夏·秋·冬》在重庆长江大桥正式落成。《春》是一位拿着花的少女,《夏》是一位在水中搏击的青年,《秋》是一位扛着麦穗的劳动妇女,《冬》则是一位脚踏松树的中年男子。塑像落成后,1987年被评为全国优秀城市雕塑作品。

重庆长江大桥

重庆长江大桥春夏秋冬雕塑

该塑像是当时重庆市代表性建筑,具有重要意义和较高的艺术价值。于2019年由重庆市人民政府公布为重庆市文物保护单位。

中国民主革命同盟旧址

位于渝中区领事巷 14 号,建于 20 世纪初,坐南朝北,二楼一底中西合璧式砖木结构。面阔 21 米,进深 14.85 米,建筑面积 787.5 平方米,占地面积 262.5 平方米。

此处最早为康心之公馆,后为民盟使用,基本保持原貌。1941 年夏,中国民主革命同盟在重庆正式成立。王昆仑、王炳南、邓初民、刘仲容、许宝驹、许宝骙、阳翰笙、闵刚侯、吴茂荪、侯外庐、屈武、阎宝航、高崇民、郭春涛、梁漱然、赖亚力、曹孟君、谭惕吾等 18 人参加了成立会,王昆仑、许宝驹被推选为主要负责人。成立之初名为"中国民族大众同盟",一年后改名"中国民主革命同盟",又称"小民革",是在中国共产党领导下,既有中共党员参加,也有国民党左派及其他民主党派人员参加的统一战线组织。

1949 年 9 月 17 日,在北京中南海勤政殿举行的新政协筹备会第二次全体会议上,正式宣告中国民主革命同盟结束,发布《中国民主革命同盟结束声明》。

此处反映了中国共产党与中国民主革命同盟合作的历史背景,具有较高的历史研究价值。该址于 1992 年由市中区(渝中区)人民政府公布为渝中区文物保护单位。

中国民主革命同盟旧址

刘湘公馆旧址

位于渝中区李子坝抗战遗址公园内(李子坝正街 186 号)。建于 20 世纪 30 年代,坐南朝北,为一楼一底砖木结构中西合璧建筑。面阔 26.3 米,进深 15 米,通高 12 米,建筑面积 970 平方米,占地面积 500 平方米。楼前有六级垂带式踏道,露天

刘湘公馆旧址

立有两座水门汀门柱，正立面为走廊，护栏雕刻蝴蝶纹，有西式壁炉。原为川东道尹柳善府第，民国初年刘湘买下修缮后作为川军二十一军办公楼。

刘湘（1890—1938），字甫澄，四川大邑人，1909年四川陆军速成学堂毕业。1920年任第二军军长，后在重庆就任川军总司令兼四川省省长。1923年出任北洋政府委任的"四川善后督办"。后为国民革命军第二十一军军长，1926年至1935年，在重庆大规模进行市政建设，修建南区和中区交通干道及嘉陵江、朝天门、太平门等沿江码头，扩大城区面积。创建重庆大学，安装电话，兴办社会文化事业。以重庆为起点，修建成渝、川黔、川湘公路。1937年"七七"事变后，积极主张抗日，在南京国防会议上表示"四川可出兵30万，提供壮丁500万，提供粮食若干万担"，率1个师出川抗日，任第七战区司令长官。1938年1月病故于汉口。

该址有较高历史价值和建筑艺术价值，于2002年由渝中区人民政府公布为渝中区文物保护单位。

中国国民党中央执行委员会调查统计局旧址

位于渝中区中山二路174号（文化宫内），坐西向东偏北10°，为一楼一底中西式砖木结构建筑。面阔21米，进深8米，通高12米，基座高4米，建筑面积512.9平方米，占地面积336.73平方米。建筑基础为石作，屋顶为小青瓦铺面，外墙砖砌加贴马赛克，底层为瓜米石铺地，层楼及梯道为木结构。

抗战时期中统局由南京瞻园迁往重庆石马岗川东师范校内，将原川东师范校图书馆改建成本部办公楼，在办公楼旁的空地上仿照南京瞻园的园林样式扩建花园，修筑水池、亭台和步道，将花园中靠山壁的天然溶洞改造为防空洞，躲避日本飞机轰炸。

1938年3月，经蒋介石提议，以军事委员会调查统计局第一处为基础，成立中国国民党中央执行委员会调查统计局，即中统局。局长由国民党中央党部秘书长兼任，副局长负实际责任。中统局以各级国民党党部为活动基地，1949年2月改名为内政部调查局，隶属于国民政府行政院内政部。

该处建筑整体布局完整，反映了战时首都的建筑风貌和中

中国国民党中央执行委员会调查统计局旧址

统局历史，具有较高的建筑艺术价值和历史价值。

该址于2003年由渝中区人民政府公布为渝中区文物保护单位。

唐式遵公馆旧址

位于渝中区金汤街80号，建于20世纪二三十年代。坐西向东偏南15°，为二楼一底西式砖木结构建筑，面阔19.3米，进深38米，通高15米，建筑面积2200.2平方米，占地面积733.4平方米。屋面为机制瓦，外墙为小青砖，基础为石作，室内为红木地板及门窗，内设壁炉。

唐式遵（1883—1950），字子晋，四川仁寿人。曾任川军第二十一军军长、国民革命军第二十三集团军总司令、第三战区副司令长官等职。第一任重庆商埠督办。"七七"事变后率部奋勇抗击日寇。1941年参与围攻新四军的"皖南事变"行动。1950年3月25日被川南彝族武装配合解放军击毙。

该址具有较高历史文化价值，于2003年由渝中区人民政府公布为渝中区文物保护单位。

唐式遵公馆旧址

潘文华公馆旧址

位于渝中区中山四路81号，坐北朝南，西式砖木结构。中间为二楼一底，两侧为一楼一底，面阔34.5米，进深21.5米，通高16米，建筑面积1043.93平方米，占地面积684.09平方米。

潘文华（1886—1950），四川仁寿人，1911年响应辛亥革命，后任川军第三师团长。1920年先后任重庆商埠督办及国民革命军第二十一军二师师长兼五旅旅长、教导师师长等职。1929年任重庆市首任市长，修建从通远门到上清寺中区干路，创办自来水厂，修建电话所，兴建大溪沟古家石堡电厂，集资开办公共汽车公司，等等，为重庆市政建设和经济发展做出较大贡献。1937年抗战全面爆发后，率军出川抗日，历任国民革命军第七战区二十三军军长、二十八集团军总司令兼川陕鄂边区绥靖公署主任等职。

1944年冬秘密参加民盟后，逐渐接受中国共产党观点和主张。重庆谈判期间，团结各界进步力量，暗中协助中共中央南方局保障中共代表团成员安全。1949年12月9日,与刘文辉等川军将领在四川彭县龙兴寺联名发出起义通电,宣布脱离国民党政权,接受中央人民政府领导。新中国成立后,任西南军政委员会委员。1950年10月在成都病逝。

该处作为重庆建市首任市长的公馆,具有较高的历史文化价值,于2003年由渝中区人民政府公布为渝中区文物保护单位。

潘文华公馆旧址

晋冀鲁豫军区干部子弟学校学生宿舍旧址

位于渝中区中山四路人民小学内,建于1952年,坐北朝南,为两栋二楼一底砖木结构组合而成的大院,建筑面积约9000平方米,占地面积约3640平方米。

抗战胜利后,晋冀鲁豫军区党政军机关迁到河北邯郸,军区计划办一所子弟学校。刘伯承提出:"我们要为将来建设社会主义新中国培养人才,他们必须有文化、有道德、爱劳动、爱祖国,具有创造精神和铁的纪律。这个办学宗旨一定要明确,千万不能培养特殊阶层和'娇骄儿'。"晋冀鲁豫军区干部子弟校于1945年成立。西南地区解放后,学校从邯郸迁至重庆,成为

晋冀鲁豫军区干部子弟学校学生宿舍旧址

西南局直属机关干部子弟校,刘伯承将学校命名为"人民小学"。卓琳任校长、苏东任政治协理员,并成立了校董事会,贺龙任董事长。1952年修建两栋学生宿舍(现五星楼),两栋教学楼(原南、北教学大楼),1953年修建食堂、风雨操场、运动场,占地60余亩,至此校园设施基本完善。

该址反映了中华人民共和国成立初期重庆市的建筑风貌，体现了解放初大西南发展及文化教育背景，具有较高的建筑艺术、历史文化价值，于2003年由渝中区人民政府公布为渝中区文物保护单位。

法国仁爱堂旧址

位于渝中区山城巷80号，建于1900年，呈"工"字形排列，为仿罗马式砖木结构，总建筑面积13200平方米，原占地面积8000余平方米。另有附属工程包括修道院使用的房屋在内共约3000平方米。现存建筑面积2317平方米，有法国仁爱堂医院、办公楼、钟楼各一幢。

该建筑融合罗马式建筑和传统中式建筑风格，建堂之初为法国领事府，并设立天主教仁爱堂医院，是天主教重庆教区修女院所在地。抗战期间，教堂对外开放，是当时重要的宗教、医疗场所。

1949年后，分别被划给重庆市中医学校和第一幼儿园使用，现为天主教爱国会。

法国仁爱堂旧址

此建筑反映了重庆山地特殊的欧式建筑风貌，具有较高的艺术价值、历史文化价值，于1992年由市中区（渝中区）人民政府公布为渝中区文物保护单位。

戴笠公馆旧址

位于渝中区中山四路85号，坐南朝北，砖木结构，两楼一底，黄色西式建筑。面阔20米，进深13.3米，通高约14米，建筑面积888平方米，占地面积300平方米。

戴笠（1897—1946），浙江江山人，1926年考取黄埔军校六期，1932年任"中华民族复兴社"（"蓝衣社")所属特务处处长。1938年任国民政府军事委员会统计调查局(简称"军统")副局长,后又任中美特种技术合作所主任。1943年,先后兼任国民政府财政部缉私总署署长和财政部战时货物运输管理局局长。1946年3月因飞机失事去世。

该处是渝中区保留较完整的民国时期公馆建筑之一,具有一定建筑艺术价值,为研究抗战历史以及重庆地区建筑风格、建筑形式、建筑技术提供了参考。

该址于2003年由渝中区人民政府公布为渝中区文物保护单位。

戴笠公馆旧址

重庆盐务局旧址

位于渝中区新华路45号,建于清代,坐西向东偏南10°,为一楼一底中西式砖木结构。重檐歇山式屋顶,琉璃瓦屋面(部分修补为小青瓦),青砖外墙,条石基础,内设壁炉。

1916年四川盐运使署迁驻重庆时,曾是川盐施政中心,1921年6月在渝设立重庆盐务稽核处,后在新街口(今新华路45号)购地建房,成为长期性机构。1930年重庆盐业银行与盐业公会相继成立,盐业公会主席兼该行行长,后财政部令重庆盐业银行更名为川盐银行。1935年盐务政税合一后,改设重庆盐务管理分局,管辖川

重庆盐务局旧址

东各盐场及涪陵、万县等盐务机构,综管产、运、销、税、缉五大要政。1938年财政部盐务总局自上海迁渝,在新街口办公,后在渝成立"川盐济运委员会"。1941年2月呈奉部准以重庆为盐务总局局址,盐务总局先后迁往南京、五通桥等地。1945年8月起,盐务总局由广州迁驻重庆,直至重庆解放。

该址于2002年由渝中区人民政府公布为渝中区文物保护单位。

孙科公馆旧址

位于渝中区嘉陵新村189号,建于1939年,坐西向东,为两层中西式圆顶砖石木结构建筑,通高10.4米,底层直径17.4米,顶层直径6.8米,基座及底层外墙由条石砌成,顶层为砖墙。紧靠顶层南端附有一耳房,系砖瓦平房,呈长方形,面阔11.1米,进深4.3米,通高约5米,总建筑面积520平方米,占地面积275.4平方米。由建筑师杨廷宝设计,馥记营造厂施工。依山地形势而筑,整个建筑平面由内外两个同心圆组成,圆厅顶部设气楼一圈,以解决采光和通风问题,底层天花板均匀设置6个通风口,经由上层管道通风换气,圆厅住宅东西延伸作为辅助用房,并与大门台阶、绿化等组成入口。

孙科(1891—1973),字哲生,广东香山人,孙中山之子,早年留学美国,1910年加入中国同盟会,"九一八"事变后,任南京政府行政院院长、立法院院长。1945年1月28日,孙科在嘉陵新村居址宴请周恩来、王若飞、沈钧儒、黄炎培、邵力子、王世杰、王昆仑等人,会商国共和谈问题。1973年病逝于台北。

该址在第三次全国不可移动文物普查中被登记为渝中区不可移动文物点。

孙科公馆旧址

王陵基公馆旧址

位于渝中区枇杷山正街72号，坐北朝南偏西20°，为一楼一底砖木结构建筑，面阔35.7米，进深15.6米，建筑面积900平方米。王陵基（1883—1967），四川乐山人，1903年考入四川武备学堂，1916年任陆军第十五师师长兼重庆镇守使。1925年任川军第三师师长兼江巴卫戍司令。抗战爆发，任第三十集团军总司令兼第七十二军军长，出川奔赴抗日战场。1948年任四川省主席。1949年12月在四川江安被解放军俘获送入战犯管理所，1964年获特赦，1967年3月病故于北京。该处为王陵基在枇杷山别墅区的建筑之一，1954年后曾为重庆市博物馆办公楼，具有一定的历史文化价值。

该址在第三次全国不可移动文物普查中被登记为渝中区不可移动文物点。

王陵基公馆旧址

王瓒绪公馆旧址

位于渝中区金汤街64号，建于1931年初，坐西向东，为三楼一底中西式砖木结构建筑，面阔14米，进深27米，通高13米，建筑面积1060.96平方米，占地面积约380平方米。仿欧式内部装置，地面铺设木质地板，有壁炉等。

王瓒绪（1885—1960），字治易，四川西充人。秀才出身，早年毕业于四川陆军速成学堂炮科。1938年兼任四川省政府主席等。抗战爆发后，担任二十九集团军总司令，1945年2月任重庆卫戍司令部总司令。1949年后任四川省人民政府参事。该址于1950年被捐献给重庆市人民政府，由重庆市第一人民医院使用，后由重庆市妇幼保健院使用至今。作为抗

王瓒绪公馆旧址

战时期名人故旧居,其具有一定的历史文化价值。

该址在第三次全国不可移动文物普查中被登记为渝中区不可移动文物点。

杨森公馆旧址

位于渝中区中山二路134号,建于1928年,系范绍增为杨森修建,一楼一底砖木结构仿哥特式建筑,称"渝舍"。坐西向东偏南25°,面阔16米,进深9.3米,通高8.5米,房屋12间,建筑面积493平方米,占地面积305.52平方米。二楼后半部为半圆形露天大阳台,下面由希腊式支柱支撑。

杨森(1984—1997),四川广安人,1927年任国民革命军第二十军军长。抗战期间率军出川抗战。1944年任贵州省主席,1947年任重庆市市长。1949年底去台湾后,任"中华全国体育协进会"理事长等职。1977年于台湾逝世。该处作为民国时期重庆市最后一任市长官邸,具有一定的历史文化价值。

该址在第三次全国不可移动文物普查中被登记为渝中区不可移动文物点。

杨森公馆旧址

李根固旧居

位于渝中区李子坝正街61号,坐南朝北偏西40°,为一楼一底砖木结构建筑,楼上有一阁楼。面阔19米,进深13米,通高12米,建筑面积494平方米,占地面积247平方米。李根固原为军阀刘存厚部下,1919年任独立团团

李根固旧居

长兼炮兵营营长,后任刘湘辖区宪兵司令。"重庆大轰炸"中任防护团副团长、市防空司令部司令。抗战时期,防空司令部以各种方式修建防空洞,总容量为46.17万人。此处反映了战时首都时期的李子坝一带的建筑风貌,具有一定的历史文化价值。

该址在第三次全国不可移动文物普查中被登记为渝中区不可移动文物点。

贺国光旧居

位于渝中区健康路4号,建于1935年,坐西向东偏南20°,为二楼一底中西式砖木结构建筑,面阔32.47米,进深23.5米,通高约15米,建筑面积1057.66平方米,占地面积967.61平方米。建筑整体布局为"L"形,分为前后二部,中间有天桥连接,中庭内有花园,坝前建有小篮球场。

贺国光(1885—1969),字元靖,湖北蒲圻人。1905年考入四川陆军速成学堂,后被保送入北京陆军大学。1930年任蒋介石南昌行营参谋长,1934年任驻川参谋团主任,率团入川,1935年11月任重庆行营参谋长。1940年11月任宪兵司令兼重庆卫戍副总司令,1944年3月调任国民政府军事委员会办公厅主任,1945年参加国共两党和谈,负责接待中共代表团。

贺国光旧居

1946年任西昌行营主任,1949年底任西昌警备总司令、西康省主席。1950年飞台湾后,先后任"总统府"国策顾问、土地银行总监督。1969年病逝。此处作为贺国光在重庆的官邸,具有一定的历史文化价值。

该址在第三次全国不可移动文物普查中被登记为渝中区不可移动文物点。

徐远举公馆旧址

位于渝中区嘉陵新村73号。为中西式石木结构建筑。坐南朝北偏东20°，面阔10米，进深9米，通高8米，建筑面积171平方米，占地面积85.5平方米。硬山坡屋顶，机制瓦屋面，设有老虎窗，基础及外墙为石作，梯道及阁楼为木质结构，阁楼为机要室，底层为会客室和卧室。

徐远举（1914—1973），湖北大冶人，黄埔军校（武昌时期）七期生。1932年加入复兴社，1946年任重庆绥靖公署二处处长。1949年参与重庆"11·27"大屠杀，12月9日潜逃至昆明被扣留，后被送至重庆白公馆关押，1956年转押至北京功德林战犯管理所，1973年病死狱中。该处作为徐远举的秘密办公地，具有一定的历史文化价值。

该址在第三次全国不可移动文物普查中被登记为渝中区不可移动文物点。

徐远举公馆旧址

白鹤嘴石碉堡

位于渝中区白鹤嘴山头上，建于1936年，编号为"东路第二号"，由"重庆市碉堡委员会"统一修建。依山而建，基础及墙体全为条石垒砌，形态为圆筒体，直径约7米，高约8米，占地面积约50平方米。小青瓦木屋面，中心砖柱承托，均布八檩，椽子呈放射状分布。内分二层，外设分层观察眼及枪眼若干。根据碉堡外表面阴刻铭文记载和现场踏勘分析，建筑形制完整，保存状况较好。重庆自1929年建市以来，依照山城特有地势构筑碉堡、防空洞等一系列防御设施。白

白鹤嘴石碉堡

鹤嘴石碉堡防御辐射主要以西、北两面为主，西为佛图关口以及（肖家湾）鹅颈地段进城方向，北为（黄沙溪一带）长江沿岸地段。石砌碉堡依山而建，独立于崖嘴，镇锁渝江，护卫主城，与古城门城墙和抗战时期修建的钢混结构碉堡互为犄角，形成完整的山城防御体系。作为抗战时期的军事防御堡垒，重庆抗战文化的重要组成部分，其具有较高历史文化、军事研究价值。

该址在第三次全国不可移动文物普查中被登记为渝中区不可移动文物点。

国民政府国防部会议厅旧址

位于渝中区鹅岭正街部队大院内，建于1940年，坐南向北，为中式大圆顶砖木结构建筑，周长48米，通高约10米，基座高0.48米，建筑面积约130平方米，屋面为五坡水圆形屋顶，机制瓦铺面，白色外墙，中国宫廷式撑拱木柱，两层台阶及两层石栏，东、南、西、北面共有门四道。此处作为国民政府国防部办公地点，具有一定的历史、军事研究价值。

国民政府国防部会议厅旧址

该址在第三次全国不可移动文物普查中被登记为渝中区不可移动文物点。

重庆反省院旧址

位于渝中区储奇门邮政局巷22号，建于民国早期，坐北向南，为二楼一底砖木结构建筑，面阔18.8米，进深9.5米，通高12.5米，建筑面积537平方米，占地面积约179平方米，

重庆反省院旧址

是反省院工作人员办公室和住地。反省院是民国时期关押革命进步人士的拘留所，有高大的院墙，内有警卫室、办公室、拘禁室三幢楼房。大门南向长江。进大门西面是警卫室，东面是拘禁室，为被拘禁人员囚禁地和图书阅览室。1928年，刘湘在二十一军军部成立特务委员会，建立反省院。被捕人员最初被关押在巴县监狱，后转移到反省院。后刘湘的政治中心转移到成都，重庆反省院撤销。

该址在第三次全国不可移动文物普查中被登记为渝中区不可移动文物点。

国民政府军事参议院旧址

位于渝中区李子坝抗战遗址公园内，建于20世纪二三十年代，坐北朝南偏东20°，为三层砖木混合结构办公楼，面阔近33米，进深12米，建筑面积约1270平方米，占地面积467平方米。硬山坡屋顶，小青瓦屋面，砖柱砖墙，外墙表体局部为燕泥墙，条石基础。依山而建，因地制宜，底屋为石基地。此建筑为石、木、砖三结合，墙体分段式，拉毛、仿砖石清水墙勾缝装饰工艺。

国民政府军事参议院旧址

国民政府军事参议院是抗战时期国民政府军事委员会有关军事咨询的最高机构。1938年2月改隶军事委员会，职责为有关战时军事研究与建议，设有秘书室、副官室、总务厅、军事厅及各种军事研究会。院长先后为陈调元、李济深、龙云等。此处反映了战时首都时期的军事、政治背景，具有一定的历史文化价值。

该址在第三次全国不可移动文物普查中被登记为渝中区不可移动文物点。

李子坝石碉堡

位于渝中区李子坝抗战遗址公园内。坐南朝北，基础及墙体为条石垒砌，形态为"L"形，内有 2 间，外设分层观察眼及枪眼若干，面阔 3.33 米，进深 4 米，总占地面积约 13 平方米。形制完整，保存状况较好，重庆自 1929 年建市以来，国民政府即依照山城特有地势构筑碉堡、防空洞等一系列防御设施。李子坝石碉堡防御辐射主要以北面嘉陵江两岸为主，守据东面的国民政府兵工厂以及中央银行（后为交通银行）地下金库。石砌碉堡依山而建，镇锁渝江，护卫主城，与古城门城墙和抗战时期修建的钢混结构碉堡互为犄角，形成完整的山城防御体系。该碉堡作为抗战时期的军事防御堡垒，具有较高的历史文化、军事研究价值。

该址在第三次全国不可移动文物普查中被登记为渝中区不可移动文物点。

李子坝石碉堡

交通银行印刷厂旧址

位于渝中区李子坝抗战遗址公园内，坐北朝南偏东 30°，砖木结构，一楼一底，占地面积 248 平方米，建筑面积 495.9 平方米。该址为交通银行印刷厂旧址所在地。

该址在第三次全国不可移动文物普查中被登记为渝中区不可移动文物。

交通银行印刷厂旧址

交通银行学校旧址

位于渝中区李子坝抗战遗址公园内,坐北朝南偏东30°,为依山而建的中式建筑,三楼一底,砖木结构,占地面积为472.5平方米,建筑面积1800平方米。大型地下室位于2楼南面靠崖壁处。交通银行学校培养了不少金融人才,在抗战期间发挥了重要作用。

该址在第三次全国不可移动文物普查中被登记为渝中区不可移动文物点。

交通银行学校旧址

交通银行办公楼旧址

位于渝中区李子坝抗战遗址公园内,坐北朝南偏东30°,砖、木、石结构,二楼一底,占地面积301平方米,建筑面积902.4平方米。具有山地典型建筑特色,三幢建筑的位置和风貌相互协调,原大门上"交通银行"字迹依稀可见。

交通银行重庆分行李子坝支行成立于1939年6月15日,这是抗战时期交通银行在重庆地区的唯一一个支行,抗战胜利后该支行降为办事处。该址在第三次全国不可移动文物普查中被登记为渝中区不可移动文物点。

交通银行办公楼旧址

交通银行金库旧址

位于渝中区李子坝抗战遗址公园内，交通银行旧址群内二楼南面1米处坡坎下小型地下室，为交通银行金库旧址，地下金库及通风掩体保存完好。

该址在第三次全国不可移动文物普查中被登记为渝中区不可移动文物点。

交通银行金库旧址

红 楼

位于渝中区枇杷山正街72号，建于20世纪20年代末，坐南朝北偏西10°，为二楼一底中西式砖木结构建筑，面阔30米，进深16米，高15米，建筑面积403平方米，占地面积约300平方米，现仅存主楼，基本完好。该建筑因由红砖砌成，故称为红楼，为王陵基公馆之一。当时公馆附近一共有14座房屋，1座碉堡（后改建为红星亭），周围广植果木。王陵基时任国民革命军第二十一军第三师师长，兼重庆卫戍总司令，遂占用市区制高点枇杷山的南面山麓修建公馆。抗战时期，王陵基任三十集团军总司令，后任第九、六两战区副司令长官。抗战胜利后，他先后任江西省、四川省政府主席等职。1949年后被捕入战犯管理所，1964年获特赦，1967年病逝于北京。红楼为王陵基在枇杷山别墅区的建筑之一，具有一定的历史文化价值。

红 楼

该址在第三次全国不可移动文物普查中被登记为渝中区不可移动文物点。

高公馆旧址

位于渝中区李子坝抗战遗址公园内，建于1938年，坐南朝北，由三幢两楼一底中西式砖木结构建筑组成，面阔约45米，进深约17米，建筑面积2117.56平方米，占地面积约770平方米。此建筑主人是高显鉴，高显鉴曾任四川省立教育学院（原西南师范大学前身）首任院长。1942年元旦，此处举办过迁川工厂产品展览会。高公馆是渝中区保留较完整的民国时期公馆建筑之一，反映了抗战时期社会各界名流活动的社会背景，具有一定地域特色、历史特色，为研究重庆地区建筑风格、建筑形式、建筑技术提供了参考。

该址在第三次全国不可移动文物普查中被登记为渝中区不可移动文物点。

高公馆旧址

佛图关白骨塔

位于渝中区佛图关公园北侧，修建于抗战时期。佛图关白骨塔目前有两处塔址，相隔近百米远，塔基础为乱石及灰土，塔身由石灰、红砖垒成，通高约7米。重庆大轰炸时，惨死平民被埋葬于佛图关上，轰炸结束后，埋葬于荒坡上的尸骨被收纳后集体下葬，并建12座白骨塔，如今仅剩2座。佛图关白骨塔是抗战时期重庆大轰炸的重要史证，具有一定的历史文化价值。

该址在第三次全国不可移动文物普查中被登记为渝中区不可移动文物点。

佛图关白骨塔

德国领事馆旧址

位于渝中区和平路（原区政府内），建于20世纪二三十年代，为一楼一底中西合璧砖混结构建筑。面阔22.7米，每层7开间，进深10.75米，建筑面积438平方米，占地面积219平方米。地上两层，坡屋顶，正立面外廊，第一层外廊为连券式，第二层外廊为简洁柱式。正立面墙开间有竖向大面积简洁玻璃门窗。1904年，设在重庆城内五福宫的德国驻渝领事馆正式开馆。1914年第一次世界大战爆发，该领事馆关闭。1922年5月中德重新建交，1938年9月德国驻华大使馆迁至重庆，驻渝领事馆事务移交大使馆办理。1941年7月德国政府承认汪伪南京政府，中德断交，德国驻华大使馆及驻渝领事馆均关闭。此处反映了二战时期中德外交关系的变化，具有一定的历史文化价值。

该址在第三次全国不可移动文物普查中被登记为渝中区不可移动文物点。

德国领事馆旧址

中共中央南方局外事组旧址

位于渝中区马鞍山28号，建于20世纪二三十年代，坐西朝东偏南20°，为一楼一底砖木结构建筑，面阔约14米，进深约13米，建筑面积360平方米，占地面积约400平方米。建筑底层设有地下室，屋顶上有亭子间，该处为独立小院，代表了20世纪30年代近代民居建筑的特色。1939年1月，中共中央南方局在重庆成立。为加强国际统战工作，中共中央南方局先后建立了国际宣传组和外事组，王炳南先后担任其负责人。为便于开展

中共中央南方局外事组旧址

工作,外事组以王炳南、王安娜夫妇私人身份租下"良庄"(马鞍山28号),与沈钧儒为邻。此处是当年共产党与民主党派共商国是的重要场所,在中共外事史和统一战线史上具有重要的实物价值。1946年外事组随中共中央南方局迁南京,同年沈钧儒也返回上海。该处是中国共产党开展抗日民族统一战线工作,开辟外事工作新局面,以及中共中央南方局与民主党派风雨同舟关系的重要历史见证,具有一定的历史文化价值。

该址在第三次全国不可移动文物普查中被登记为渝中区不可移动文物点。

马鞍山29号建筑

位于渝中区马鞍山29号,建于20世纪二三十年代,坐南朝北偏西40°,为一楼一底中西结合砖木结构建筑,面阔10.2米,进深16.81米,建筑面积346.96平方米,占地面积236.22平方米。

该建筑为良庄三幢建筑之一,四周围墙环绕,每幢楼有独立进出门,是一独立小院,代表了20世纪30年代民居建筑特色,是重庆重要的近现代建筑。良庄包括马鞍山28号、18号、29号三幢,

马鞍山29号建筑

为四川军阀刘湘部将何金鳌公馆,称为"良庄"。李公朴、王炳南曾在良庄内居住、活动。该处是重庆市重要的抗战文物遗址,是中国共产党开展抗日民族统一战线工作,开辟外事工作新局面,以及中共中央南方局与民主党派风雨同舟关系的重要历史见证。

该址在第三次全国不可移动文物普查中被登记为渝中区不可移动文物点。

马鞍山 30 号建筑

　　位于渝中区马鞍山 30 号,建于 20 世纪二三十年代,坐东朝西偏南 15°,为砖木结构一楼一底建筑,面阔 16 米,进深 12.7 米,高 15.9 米,4 开间,建筑面积 374 平方米,占地面积 187 平方米。建筑基础为条石,小院内石板铺地,建筑底层为瓜米石铺地,楼层及梯道为木质楼板,砖柱砖墙,仿歇山式屋顶,小青瓦铺面。该建筑布局方正,南北两面均为坡地,基础被条石铺平,属典型的山城传统建筑,具有一定的历史文化价值。

　　该址在第三次全国不可移动文物普查中被登记为渝中区不可移动文物点。

马鞍山30号建筑

马鞍山 31 号建筑

　　位于渝中区马鞍山 31 号,建于 20 世纪二三十年代,坐西向东偏北 15°,为砖木结构、一楼一底加阁楼的中西结合建筑,面阔 12.9 米,进深 14.7 米,高 10.1 米,9 开间,建筑面积 441 平方米,占地面积 147 平方米。建筑基础为条石,小院内地面为三合土,建筑底层为水磨石铺地,楼层及梯道为木质楼板,砖柱砖墙,硬山式屋顶,机制瓦铺面,室内有裙脚修饰,室内门窗大部分保持原样,铜锁、铜拴保留至今,屋顶老虎窗、底层通风口、壁炉及烟道保存完好。此建筑紧邻东南面的良庄,建筑形态及用材颇为相似,应当为同一时期的历史建筑,具有一定的历史文化价值。

　　该址在第三次全国不可移动文物普查中被登记为渝中区不可移动文物点。

马鞍山31号建筑

马鞍山 63 号建筑

位于渝中区枣子岚垭正街马鞍山 63 号，建于 20 世纪二三十年代，坐东向西，为两楼一底砖木结构中西结合建筑，建筑面积 490 平方米，占地面积 190 平方米。建筑基础为石作，外墙砖砌抹灰，屋顶为小青瓦铺面，底层局部铺有瓜米石，木质楼板及梯廊。建筑朝门、木质大门、花木窗、地下一层通风口基本保存完好。此建筑紧邻马鞍山统战建筑遗址群，建筑形态及用材颇为相似，应当为同一时期的历史建筑，具有一定的历史文化价值。

该址在第三次全国不可移动文物普查中被登记为渝中区不可移动文物点。

马鞍山63号建筑

国际村石碉堡

位于渝中区国际村 103 号，坐北朝南，由条石及钢筋混凝土浇筑而成，布局形态犹如八卦符，内设排水沟，机枪口若干，出入口两处。建筑形制完整，保存状况较好。石砌碉堡依山而建，镇锁渝江，护卫主城，与古城门城墙和抗战时期修建的钢混结构碉堡互为犄角，形成完整的山城防御体系。该石碉堡作为抗战时期军事防御堡垒，是抗战文化的一部分，有较高的历史文化、军事研究价值。

该址在第三次全国不可移动文物普查中被登记为渝中区不可移动文物点。

国际村石碉堡

人民公园防空洞掩体

位于渝中区人民公园内。防空洞掩体全由钢筋混凝土浇筑而成，顶部为双拱形，长方形布局，长 17 米，宽 9 米，高 5 米，建筑占地面积 153 平方米。掩体建筑形制完整，保存状况较好，为国民政府机要部门使用。其作为抗战时期的军事防御堡垒，是抗战文化的组成部分，具有一定的历史价值。

该址在第三次全国不可移动文物普查中被登记为渝中区不可移动文物点。

人民公园防空洞掩体

觉庐建筑群

位于渝中区李子坝正街 50 号至 57 号、嘉陵新村 74 号至 76 号。坐南朝北偏西 45°，为砖木结构一楼一底建筑，面阔 15.61 米，进深 37.25 米，占地面积约 581 平方米。外墙采用燕窝泥拉毛，体现了 20 世纪 30 年代的建筑技术、规划手法及建筑风格。建筑主体正面墙上刻有"觉庐"二字。

该址在第三次全国不可移动文物普查中被登记为渝中区不可移动文物点。

觉庐建筑群

鲜宅旧址

位于渝中区嘉陵西村23号，建于1929年，坐西向东，为砖木结构平房，面阔13.3米，进深6.7米，建筑面积89.11平方米，占地面积约100平方米。

鲜英（1885—1968），字特生，四川西充人。1908年入四川陆军速成学堂。1913年保送保定陆军军官学校第四期学习。1921年任川军总司令部行营参谋长兼重庆铜元局局长，其夫人金竹生以废弃煤渣打成煤砖卖售，积得资本建房出租，积年发展，修建鲜宅。

1949年后，鲜英历任西南军政委员会委员、四川省民盟副主任委员、全国政协委员、全国人大代表等。旧址现仅残余书房（儿童学塾）、厨房。旧址反映了民国时期民主党派的活动，具有一定的历史价值和意义。

该址在第三次全国不可移动文物普查中被登记为渝中区不可移动文物点。

鲜宅旧址

国民政府中央训练团遗址

位于渝中区竹木村59号，建于1940年，地处佛图关下，地域较广，由北向南，上至佛图关制高点，下至黄沙溪竹木村一带及十三军大院属其范围内。在历年城市变迁中，中央训练团遗址已难以寻踪，目前只存留一处中央训练团范围内避空难的防空洞。

中央训练团于1939年初自湖南迁到桂林、重庆，党政训练班第一期于1940年3月1日在重庆南温泉开办，第二、三期迁至重庆近郊佛图关上，自第四期起又由关上迁至关下。训练的对象，是当时各地区、各部门中、上级在职人员。1946年迁回南京。此处具有一定的军事价值、历史文化价值。

该址在第三次全国不可移动文物普查中被登记为渝中区不可移动文物点。

国民政府中央训练团遗址

国民政府警察局旧址

位于渝中区上曾家岩19号，建于20世纪二三十年代。坐北朝南，为一楼一底砖木结构建筑，进深14.41米，面阔22.3米，建筑面积约642.68平方米，占地面积约321.34平方米。歇山屋顶，小青瓦屋面，设有连排老虎窗，砖柱砖墙，表体贴有瓷贴，条石基础，内部为木质结构。建筑内有两道石朝门，石朝门门楣有雕饰。该址毗邻曾家岩50号，为原国民政府警察局。设有地下室，外部有铁栏，里面开间整齐分布。重庆警察始于1905年冬，1927年重庆市政厅改厅为府，1934年设警察局。1949年11月重庆解放，该局由重庆市公安局接管。该旧址具有一定的建筑艺术及历史文化价值。

该址在第三次全国不可移动文物普查中被登记为渝中区不可移动文物点。

国民政府警察局旧址

戴笠神仙洞公馆及军统办公室旧址

位于渝中区枇杷山正街72号，20世纪二三十年代修建，坐西向东偏北10°，为三层砖木结构的中西结合建筑，面阔9.7米，进深13.9米，建筑面积1560平方米，占地面积390平方米。该址为抗战时期戴笠公馆及军统办公室之一，1949年后曾作为重庆市委机关办公室之一。

该处是目前渝中区保留较完整的民国时期公馆建筑，具有一定建筑艺术价值。

该址在第三次全国不可移动文物普查中被登记为渝中区不可移动文物点。

戴笠神仙洞公馆及军统办公室旧址

私立兴华小学旧址

位于渝中区九道门10号,建于1935年,坐西向东偏南35°,为仿欧式建筑,建筑面积2206平方米,占地面积975平方米。外部为青砖搭建,内部为木质结构。主体建筑三楼一底,正立面对称布局,大楼外观装饰以浮雕为主。另一栋为办公楼,二层,均为砖木结构。该址为药材公会创办的私立兴华小学,1935年创立。当时药材公会在羊子坝兴建会所,以便药商和职工子女免费入学,私立兴华小学就在药材公会旁,附设幼儿园。该建筑是当时商界重视教育兴商、教育兴国的重要物证之一,具有一定的历史文化价值。

该址在第三次全国不可移动文物普查中被登记为渝中区不可移动文物点。

私立兴华小学旧址

韩国光复军总司令部旧址

位于渝中区邹容路37号,建于20世纪二三十年代,坐南朝北偏西20°,为二楼一底中西结合砖木结构建筑,建筑面积约2500平方米。外墙为砖砌,内部开间为夹壁墙,木质门窗及楼梯。韩国光复军是第二次世界大战时期大韩民国临时政府的军队,1940年9月17日成立于中国重庆,主要由在华朝鲜人组成,对日军进行游击战。总司令由池青天(化名李青天)担任,参谋长为李范。该处作为韩国流亡政府机构,具有一定的历史价值。

韩国光复军总司令部旧址

该址在第三次全国不可移动文物普查中被登记为渝中区不可移动文物点。

国际村 102 号建筑

位于渝中区国际村 102 号，为一楼一底砖木结构中西结合建筑。坐南朝北，面阔 14.25 米，进深 9.2 米，建筑面积 279.4 平方米，占地面积 131.1 平方米。基础为石作，建筑背面为基础石壁堡坎，外墙由青砖砌成，小青瓦屋面，木质楼板、回廊、梯道。建筑布局为船形，有一定特色。该处在抗日战争时期为美国、英国等外国友人居住，具有一定历史文化价值。

该址在第三次全国不可移动文物普查中被登记为渝中区不可移动文物点。

国际村102号建筑

刘义凡旧居

位于渝中区陕西路 115 号，建于 20 世纪初，坐西向东偏南 15°，为三楼一底中西结合砖木结构，面阔 16 米，进深 33.5 米，建筑面积约 2144 平方米，占地面积 536 平方米。屋顶为筒瓦铺面，墙体为砖砌外墙，基础为石作砖柱，室内墙体为夹壁墙，建筑南北纵向，中央有两处小天井，拱形门、窗均为砖砌，卷门上方有灰塑，有地下室。

刘义凡，开明人士，民国时期创办私家银行及贸易公司。1949 年后，该旧居为重庆食品公司所有。此建筑依山而建，具有一定建筑艺术价值。

该址在第三次全国不可移动文物普查中被登记为渝中区不可移动文物点。

刘义凡旧居

柏庐建筑群

位于渝中区民生路101、117号,建于20世纪初,101号建筑已消失,仅剩一扇八卦形石朝门。石朝门坐西南朝东北,基础为石作,扇形墙为砖砌,表体边框抹灰,朝门顶部有莲瓣形灰塑,风化严重。117号建筑群坐西南朝东北,为中西结合的四幢建筑,总建筑面积约900平方米,占地面积521.55平方米。

柏庐建筑群(修缮前)

该建筑群外观基本保持原貌,布局为一巷一院。大门宽3.3米,进门为一条长约13米的巷道,巷道两边分别有两幢两楼一底砖木结构建筑。穿过巷道,出门为一中式古典小院,呈四合形态,内有一穿斗结构建筑,小青瓦屋顶,方形石板地,外墙为砖砌。院内撑拱、抬梁、门饰局部保留,外墙底部呈现模糊的祥云式灰塑。小院东南面有一石朝门,朝门上方镌"柏庐"二字。该建筑群具有一定的建筑艺术价值。

该址在第三次全国不可移动文物普查中被登记为渝中区不可移动文物点。

民生路105号民居

位于渝中区民生路105号,建于20世纪初,坐北朝南偏西30°,建筑面积783.52平方米,占地面积195.88平方米。该建筑为砖、石、木结构中西结合建筑,二楼一底带地下室,面阔16.6米,进深11.8米,通高14.75米。基础与底层为石作,石板铺地,外墙为砖墙抹灰,内部开间为木灰夹壁墙,一楼以上为木质地板,硬山式屋顶,小青瓦铺面,有

民生路105路民居(修缮前)

老虎窗。整体建筑外观基本保持原貌,石梯、石台阶、木质门窗及老虎窗等基本保存完好。

此处历史沿革暂无可考,从建筑形制上看,推测为民国时期私人公馆及别墅,具有一定的建筑艺术价值。

该址在第三次全国不可移动文物普查中被登记为渝中区不可移动文物点。

自力巷 23 号建筑

位于渝中区新华路自力巷 23 号。建筑分两栋,1 号楼坐南朝北,2 号楼坐西向东,为三楼一底中西式砖木结构建筑,面阔 27 米,进深 15.5 米,建筑总高 20 米,建筑面积 1500 平方米,占地面积 380 平方米。该建筑为硬山式房顶,板瓦铺面,拱形大窗,外有朝门。外墙为砖墙,内墙为夹壁墙。拱券外廊,辅以花卉雕饰,石材用料尺度大,立面景观效果较佳。范绍增曾居此。范绍增于抗战期间任八十八军军长,1949 年通电起义。

1949 年后该建筑为部队大院,曾为第二野战军军政大学校史研究会的附属建筑,具有一定的历史文化价值和建筑艺术价值。

该址在第三次全国不可移动文物普查中被登记为渝中区不可移动文物点。

自力巷23号建筑

胜利路 178 号民居

位于渝中区胜利路 178 号,建于 20 世纪 50 年代。南北朝向,二楼一底砖木结构建筑,面阔 49.8 米,进深 15.1 米,共三层半,每层 19 开间,建筑面积 2700 平方米,占地面积 751.98 平方米。为悬山式房顶,青瓦铺面,砖砌外墙及砖柱,底层基础为石作,一楼为瓜米石与木板铺地,二楼以上有回廊,扶手、地板均为木作。建筑左侧石梯呈现出整个建筑的半坡形态,具有山城特色,有一定的建筑艺术价值。

该址在第三次全国不可移动文物普查中被登记为渝中区不可移动文物点。

胜利路178号民居

下洪学巷 40 号民居

位于渝中区下洪学巷 40 号,建于 20 世纪初,坐西向东偏北 25°,砖木结构,二楼一底,中西结合折中主义风格。面阔 13.47 米,进深 14.98 米,建筑面积 502.3 平方米,占地面积 198 平方米。基础为石作,砖砌外墙加抹灰,石柱抹灰。歇山式屋顶加老虎窗,小青瓦铺面,部分改为石棉瓦,二楼为券廊,部分有灰塑。室内为夹壁墙及木板墙,残留部分雕花门窗及门饰、看枋。因年久失修,外观结构有所

下洪学巷40号民居

改变，二、三楼回廊部分损毁，目前只残留门饰、雕花及走马转角楼，具有一定的建筑艺术价值，是重庆开埠时期的重要史证。

该址在第三次全国不可移动文物普查中被登记为渝中区不可移动文物点。

嘉陵新路44号建筑

位于渝中区嘉陵新路44号，建于20世纪二三十年代，坐东朝西，为结合坡度依山而建的砖木结构建筑。共三层，6开间，进深12.53米，面阔10.08米，建筑面积379平方米，占地面积约126.3平方米。

建筑屋面现为彩钢瓦，外墙砖砌，基础为石作加通风掩口，门前为瓜米石铺地，室内为木质地板及梯道，内有壁炉。此处在民国时期是一位德国银行家住宅，20世纪50年代为铁路局职工住房。为民国时期折中主义建筑，具有一定的建筑艺术价值，对研究重庆山城老建筑有重要意义。

嘉陵新路44号建筑

该址在第三次全国不可移动文物普查中被登记为渝中区不可移动文物点。

重庆海关报关行旧址

位于渝中区白象街154号，建于19世纪末，坐西北向东南，二楼一底，为中西结合砖木结构建筑，建筑面积572平方米。主体建筑门窗均为砖拱券造型，有线脚，青砖白缝、小青瓦屋面，西洋装饰风格。清末为邮局，重庆开埠前后，川江尚未通轮船，重庆港进出口物资均由木船承运。当时招商局于1884年在重庆设立"招商渝行"（俗称"福号"）。"福号"于1891年改组，由总局拨款20万两白银，改称"招商局"，这是招商局最早驻重庆的机构，也是重庆最早的报关行。此处反映了近

重庆海关报关行旧址（修缮前）

代重庆海关经贸概况及开埠时期商业街道风貌,具有一定的历史和经济研究价值。

该址在第三次全国不可移动文物普查中被登记为渝中区不可移动文物点。

白象街151号民居

位于渝中区白象街151号,建于19世纪末,坐西向东偏南15°,三楼一底砖木混合结构,建筑面积约551.59平方米。大部分木质构建年久失修,外廊楼板和楼梯间已轻度歪斜。建筑内木质装饰依稀可见,部分墙体为砖墙,其余大部分是灰板条抹灰墙体,楼板木质架空。外观特点为中西结合折中风格,灰色石墙,青砖砌筑山墙面,砖砌饰条,木屋架小青瓦坡屋顶。外立面为山墙面,青砖有多种拼接方式及雕刻,正立面开窗简洁,窗上有平窗券。修造年代及建筑形态与周边"江全泰号""大清邮局"等历史建筑相匹配,为重庆开埠时期白象街典型传统建筑,反映了当时的历史面貌,具有一定的历史文化、建筑艺术价值。

该址在第三次全国不可移动文物普查中被登记为渝中区不可移动文物点。

白象街151号民居(效果图)

重庆海关办公楼旧址

位于渝中区白象街166号,建于19世纪末,坐西向东偏南40°,砖木结构两楼一底建筑,高约20.18米,建筑面积约781平方米。基础为条石砌成,外墙砖砌,局部抹灰,上有撑拱,屋面为石棉瓦。

该建筑是当时重庆海关办事处,下办公上居住。一层有海关接待室、走私犯关押处、货物储藏室以及厕所;二层为干部办公室;三层为纳税室;四层(阁)为外国买办住处。此处具有一定的历史文化、建筑艺术价值。

该址在第三次全国不可移动文物普查中被登记为渝中区不可移动文物点。

重庆海关办公楼旧址

私立临江小学大门遗址

位于渝中区解放东路 388 号建筑内，建于 20 世纪初，坐北朝南偏西 15°。校址大门已被居民建筑所包围，原貌不见，仅残留部分封火墙，大门上方的"临江小学"四字排匾被封在居民楼 1、2 层之间的改造房间内，原校址建筑已完全消失，现为解放东路第三小学校校舍。

私立临江小学由民国时期江西同乡会兴办，起初为方便同乡会子女就学，后扩大招生办学。抗战时，该小学部分校舍被炸毁。此校延续至 1949 年后，"文革"期间改为第二十四小学校，20 世纪 80 年代改为重庆市渝中区解放东路第三小学校。

私立临江小学反映了民国时期，社会力量对国民教育的热爱与支持，具有一定的历史意义。

该址在第三次全国不可移动文物普查中被登记为渝中区不可移动文物点。

私立临江小学大门遗址

工人之家大门

位于渝中区寮叶巷 5 号，坐西向东，呈"八"字形，门宽 2.59 米，高 5.75 米。此门在原有石朝门上抹灰搭砖，顶部呈三角形，柱础为原石朝门条石，柱身抹灰，朝门门楣上方为砖砌，有灰塑"工人之家"四字，四字上方有一五角星灰塑，砖上有呈菱形的特殊纹饰。因年久失修，朝门内原有建筑发生巨大变化，原貌不见，多为搭建的临时建筑。

工人之家大门

此处民国时期为伊斯兰教徒居住，1949 年后为碾米业、酿造业联合工人工会所在地。此处反映了十八梯一带的社会环境及人文形态,对老重庆各类同业公会的研究有参考价值。

该址在第三次全国不可移动文物普查中被登记为渝中区不可移动文物点。

十八梯 171 号民居

位于渝中区十八梯171号,建于20世纪初,坐西向东,一楼一底,砖木结构中西结合建筑。面阔10.2米,进深14.75米,原建筑面积310平方米,占地面积150.45平方米。原建筑基础为条石砌成,外墙砖砌抹灰,底层为瓜米石铺地,地面瓜米石铺设有中国传统元素图样,大门、楼板及梯道均为木质,大门上有伊斯兰教风格几何图案。

现该建筑内部结构有所改变,因加层,外观变化较大,目前是四楼一底,建筑面积752.25平方米。布局工整,风格独特,反映了十八梯地区的社会背景及建筑风貌,具有极高的历史文化、建筑艺术研究价值。

该址在第三次全国不可移动文物普查中被登记为渝中区不可移动文物点。

十八梯171号民居

体心堂 42 号民居

位于渝中区体心堂42号,建于20世纪初,坐西向东偏北10°,一楼一底砖木结构建筑,面阔20.42米,进深约9米,建筑面积367.15平方米,占地面积约184平方米。

基础为石作,石板铺地,外墙砖砌,内部为夹壁墙及木板墙,楼面为木质,屋顶为硬山式小青瓦铺面。大门呈八卦纹形态。该建筑属典型的南方传统民居院落,具有一定的建筑艺术价值。

该址在第三次全国不可移动文物普查中被登记为渝中区不可移动文物点。

体心堂42号民居(修缮前)

张国富烈士纪念碑

位于渝中区菜园坝火车站天桥至两路口石梯道中央（菜园坝建新一巷7号），建于1953年，坐北朝南，由基座、碑身及花台组成，全由花岗石砌成，占地面积约33.3平方米。花台为长方形，宽4.85米，长6.86米，高0.55米。基座宽2.33米，长2.6米，高1.6米。碑体为方形，宽0.97米，高6.6米。碑身四面形态相同，顶部有一五角星，正面镌"模范人民警察张国富烈士纪念碑"14个描金大字，阴刻，落款右为"公元一九五三年十二月二十二日"，左为"曹荻秋"款。基座四面均为张国富生平事迹介绍。

张国富（1918—1952），浙江蒲江人，1950年起在重庆市公安局黄沙溪派出所任民警。1952年6月2日，张国富将一儿童推出轨道脱险后，不幸牺牲，年仅34岁。11月30日，公安部追授张国富"模范人民警察"称号。1953年12月22日，重庆市人民政府在菜园坝建新正街修建纪念碑，公安部部长罗瑞卿题词，曹荻秋市长撰写碑文。张国富烈士墓和烈士纪念碑原分处两地，烈士墓位于黄沙溪大平街，因市区规划，在征得烈士亲属同意后，2005年9月10日将烈士墓迁往纪念碑处，实现墓、碑合一。

该址在第三次全国不可移动文物普查中被登记为渝中区不可移动文物点。

张国富烈士纪念碑

中国人民解放军重庆红楼招待所

位于渝中区大坪红楼招待所内,建于1953年,为砖混木结构中式仿古风格建筑,因其朱漆大柱擎顶,称为红楼。该楼分为3个部分,其中正面和背面楼高两层,中间楼高三层,占地面积5956平方米,建筑面积约12000平方米。

修建之初为苏联军事专家公寓,由时任西南军区司令员贺龙、政委邓小平主持修建并为其定名,余秋里具体负责修建。建成后,苏联专家二十余人携眷入住。专家离去后,改作军队招待所。毛泽东、周恩来、邓小平、朱德、彭德怀、刘伯承、贺龙、胡耀邦等曾宿于此。

中国人民解放军重庆红楼招待所

该建筑一直被用作部队招待所,目前由78438部队红楼招待所管理使用。

该址于2019年2月被登记为渝中区不可移动文物点。

飞虎队别墅1号楼

飞虎队别墅1号楼位于渝中区李子坝正街101号,建于20世纪30年代,坐南朝北,为仿西式折中风格,圆弧阳台独具特色。建筑面阔10.5米,进深13.5米,占地面积112平方米,建筑面积213平方米。

"飞虎队",正式名称为"美籍志愿大队",又称"中国空军美国志愿援华航空队",是第二次世界大战期间在中华民国成立,由美国飞行人员组成的空军部队。

该址为飞虎队在渝办公地点之一,对于研究同盟国远东抗战历史有重要价值。在第三次全国不可移动文物普查中被登记为渝中区不可移动文物点。

飞虎队别墅2号楼

飞虎队别墅2号楼位于渝中区李子坝正街101号,建于20世纪30年代,坐南朝北,砖木结构,一楼一底,为仿西式折中主义风格。建筑面阔9.5米,进深13.2米,占地面积102平方米,建筑面积196平方米。建筑主体结构尚存，有部分垮塌，结构较稳定，局部夹壁墙脱落，柱椽等木构件被虫食蚁蛀腐朽。

该址为飞虎队在渝办公地点之一，对于研究同盟国远东抗战历史有重要价值。在第三次全国不可移动文物普查中被登记为渝中区不可移动文物点。

飞虎队别墅1、2号楼（左为1号楼，右为2号楼）

国民政府国际问题研究所印刷厂办公楼旧址

位于渝中区李子坝正街101号，建于民国时期，坐南朝北，石结构建筑，一楼一底，为仿西式折中主义风格。平面形制为"丁"字形，有圆弧形的外轮廓。面阔15.7米，进深13.1米，占地面积128.9平方米，建筑面积386.7平方米。

国民政府国际问题研究所，为抗战时期国民政府组建的研究国际问题的机构，注重日本情报的搜集和研究，同时负责对欧洲战场形势的分析。王芃生为所长。1938年

国民政府国际问题研究所印刷厂办公楼旧址（修缮前）

国际问题研究所成立于南京，后迁往武汉、重庆，抗战胜利后，国际问题研究所解散。

国民政府国际问题研究所印刷厂办公楼旧址，对于研究战时首都抗战历史具有重要价值。

该址在第三次全国不可移动文物普查中被登记为渝中区不可移动文物点。

《大公报》报社生产洞旧址

位于渝中区李子坝正街101号,建于20世纪30年代,坐南朝北,为3处条石砌筑防空洞。面阔3.9米,进深9米,每个占地面积35.1平方米,建筑面积35.1平方米,总占地面积105.3平方米,总建筑面积105.3平方米。抗战时期为躲避日机轰炸,保证《大公报》按时出刊,《大公报》在防空洞内印刷。

该址在第三次全国不可移动文物普查中被登记为渝中区不可移动文物点。

《大公报》报社生产洞旧址

打枪坝水厂办公楼旧址

位于渝中区鼓楼巷38号,建于20世纪二三十年代,一楼一底的砖、石、木结构建筑,为折中主义风格,建筑面积1044平方米,占地面积522平方米,整体结构至今保留比较完好。

打枪坝位于通远门西城墙转弯处。因此处有一块平坝,又是重庆城的突出部分,军事地位重要,设有炮台,驻有军队,又系清军绿营训练打靶(土枪)的地

打枪坝水厂办公楼旧址

方而得名。20世纪20年代在此修建水厂,打枪坝被占用,地名随之消失。通远门西侧原有钟鼓楼,为击鼓报时之用,因此得名为鼓楼街。后钟鼓楼塌毁,鼓楼街也改名为鼓楼巷。

1926年重庆商埠督办公署成立后,潘文华提议兴办自来水工程。次年春,成立重庆自来水筹备处,后改组为重庆自来水公司。所需工程款以商界募股、房捐附加、马路经收货股附加以及刘湘应还之戊辰贷款为主,官督商办。经实地勘测,决定在大溪沟观音梁嘉陵江边取水,进行初步处理后,再输送到打枪坝进行净水。整个工程委托华兴公司承包,设备在德国西门子公司采购。由税西恒负责工程设计及施工管理。

1929年2月开工,1932年1月建成通水,是当年四川第一家自来水厂。打枪坝建有过滤水池5个,每个每天过滤原水10000吨。净水池2个,储水4500吨。

目前,纪念水塔以及原水厂办公楼得以保存。作为我国最早自己设计和建造的自来水厂,水厂办公楼反映了民国初年民族事业的进步以及爱国知识分子的智慧,具有一定的历史文化价值。

该址在第三次全国不可移动文物普查中被登记为渝中区不可移动文物点。

其他

母城记忆
THE MOTHER CITY MEMORY
——渝中文物概览

中央公园旧址

位于渝中区公园路与西三街交接处。建于1929年,公园占地面积约12000平方米。

此处为清巴县"金碧流香"所在地金碧山。山脚下是重庆府衙,左边是川东道衙,右边是巴县县衙。20世纪20年代,金碧山一带杂草丛生,一度还为刑场,人称"后侍坡"。

1922年,杨森为重庆商埠督办,将后侍坡开辟出来,准备作为公园。后侍坡上接大梁子(今新华路),下接巴县衙门。后因战乱停工。1929—1931年,潘文华继任重庆商埠督办,重修公园,种植花木,筑金碧山堂、江天烟雨阁、涨秋山馆、喷水池、悠然亭等,取名中央公园。

抗战时期,中央公园改称中山公园。

1949年后,中山公园改名为人民公园,此处具有一定的历史文化及研究价值。

该址在第三次全国不可移动文物普查中被登记为渝中区不可移动文物点。

中央公园旧址

编后记

渝中区是重庆母城,从公元前316年战国秦时张仪在渝中半岛筑"江州",到1189年宋光宗改"恭州"为"重庆府",再到1997年重庆直辖,渝中区历来是重庆的核心,清晰保留了重庆三次建都、四次筑城、开埠建市等历史脉络,孕育了巴渝文化、抗战文化、统战文化、移民文化、红岩精神。

历史悠久、人杰地灵的渝中半岛见证了重庆这座城市的点点滴滴,从某种意义来说,渝中的变迁、发展印证了重庆的变迁、发展。历经岁月洗礼,饱经沧海桑田,渝中沉淀下了众多珍贵的文脉古迹,作为文物工作者,我们希望把她们保护好,发展好。

本书集中介绍的149处历史遗存全为渝中区的文物古迹,希望广大读者朋友们喜欢,并通过本书更加了解渝中的历史掌故,更加珍视渝中区文物古迹。

此书编撰工作的基础是《母城记忆——重庆市渝中区第三次全国文物普查成果专辑》。感谢在第三次全国文物普查工作中辛勤付出的普查人员;感谢为此书的编撰出版工作做出贡献的文物工作者;感谢渝中区摄影家协会摄影家们提供的图片。

编者囿于时间紧促,加之能力有限,文中若有疏漏之处,还望得到读者朋友的批评指正。

编 者

2021年1月